集刊 中国学术期刊（光盘版）全文收录期刊

中国—东盟研究

CHINA—ASEAN STUDIES

2018年第二辑（总第六辑）

中国—东盟区域发展协同创新中心◎编

中国社会科学出版社

图书在版编目(CIP)数据

中国—东盟研究．2018年．第二辑：总第六辑／中国—东盟区域发展协同创新中心编．—北京：中国社会科学出版社，2020.5

ISBN 978－7－5203－6358－7

Ⅰ.①中…　Ⅱ.①中…　Ⅲ.①自由贸易区—区域经济发展—研究—中国、东南亚国家联盟　Ⅳ.①F752.733

中国版本图书馆CIP数据核字（2020）第064944号

出 版 人　赵剑英
责任编辑　陈雅慧
责任校对　王　斐
责任印制　戴　宽

出　　版　中国社会科学出版社
社　　址　北京鼓楼西大街甲158号
邮　　编　100720
网　　址　http：//www.csspw.cn
发 行 部　010－84083685
门 市 部　010－84029450
经　　销　新华书店及其他书店

印　　刷　北京明恒达印务有限公司
装　　订　廊坊市广阳区广增装订厂
版　　次　2020年5月第1版
印　　次　2020年5月第1次印刷

开　　本　710×1000　1/16
印　　张　12
插　　页　2
字　　数　200千字
定　　价　66.00元

《中国—东盟研究》编辑部

目录

CONTENTS

"一带一路"倡议对接文莱"2035宏愿"的机遇与
前景 …………………………………………………… 马博　周宸宇 / 1
柬埔寨："一带一路"国际合作的新样板
——关于柬埔寨经济与未来发展的实地调研报告 …… 王文　刘典 / 26
推进"一带一路"建设 深化中老务实合作 ………………… 杨卓娟 / 40
马来西亚"一带一路"差异化认同现状、风险及启示 ……… 张赛群 / 55
缅甸民盟新政府执政以来"一带一路"倡议下的中缅
合作进展与挑战 ……………………………………… 宋清润　刘金卫 / 72
菲律宾学界对"一带一路"倡议的评述与思考 ……………… 郑友洋 / 97
新加坡在"一带一路"中的枢纽作用……………………… 赵泽琳 / 111
"一带一路"倡议与"东部经济走廊"战略对接：中泰
合作的新亮点 ……………………………………………… 熊灵　杜莹 / 120
越南"两廊一圈"战略与"一带一路"倡议对接研究 …… 金　丹 / 139
联合国可持续发展议程与"一带一路"倡议下的中国—东盟
环境合作 ……………………………………………………… 董　亮 / 155

附　录

中国—东盟区域发展协同创新中心简介 ……………………………… / 173
广西大学国际学院简介 ……………………………………………… / 177
广西大学中国—东盟研究院简介 …………………………………… / 178
《中国—东盟研究》征稿启事 ……………………………………… / 182

Contents

The Prospect of Sino-Brunei Strategic Connectivity under the Belt and Road Initiative and Brunei Vision 2035 ………… *Ma Bo Zhou Chenyu* / 1

Cambodia as a New Model for Belt and Road International Cooperation: a Field Research Report on Cambodian Economy and Future Development …………………………………… *Wang Wen Liu Dian* / 26

Deepening Practical Cooperation between China and Laos under the Belt and Road Initiative ………………………………… *Yang Zhuojuan* / 40

Different Acceptance towards Belt and Road in Malaysia: Status Quo, Risk and Revelation ………………………………………… *Zhang Saiqun* / 55

Progress and Challenges of China-Myanmar Cooperation in the Context of the BRI under Myanmar NLD Administration ……………………………… *Song Qingrun Liu Jinwei* / 72

Philippine Scholars'Responses to the Belt and Road Initiative ……………………………………………………… *Zheng Youyang* / 97

Singapore's Pivotal Role in the Belt and Road Initiative …… *Zhao Zelin* / 111

The Synergy of the Belt and Road Initiative and the Eastern Economic Corridor Strategy: New Highlights of Sino-Thai Cooperation ……………………………………… *XiongLing Du Ying* / 120

Analysis of the Connectivity between Vietnam's "two corridors and one circle" and the "Belt and Road Initiative" …………… *Jin Dan* / 139

China-ASEAN Environmental Cooperation under the UN Sustainable Development Agenda and the BRI ……………………… *Dong Liang* / 155

Appendix

Introduction on China-ASEAN Collaborative Innovation Center for Regional Development ········· / 173
Introduction on International College of Guangxi University ········· / 177
Introduction on China-ASEAN Research Institute of Guangxi University ········· / 178
Call for Papers ········· / 182

“一带一路”倡议对接文莱“2035宏愿”的机遇与前景

马　博　周宸宇*

【摘要】“2035 宏愿”是文莱提出的国家发展战略，有着维护其国内政治稳定、加强国家安全、实现经济多元化和打造区域经济中心的多重考量。在发展中文两国关系上，“一带一路”倡议和“2035 宏愿”的战略对接得到了两国最高领导人的肯定，并且有望在基础设施建设、科技、农业和第三产业领域展开广泛的合作。此外，两国的战略对接有助于双方更好地应对来自非传统安全领域的挑战，对妥善解决南海问题，维护地区的和平与稳定有着重要意义。另一方面，两国战略对接的不确定性因素主要来自文莱经济增长的放缓、地区贸易规则的变化以及其国内推行的“伊斯兰教法”可能产生的制约。

【关键词】“一带一路”　2035 宏愿　战略对接　中国—文莱关系

【基金项目】国家社科基金青年项目“美国对华政策中的南海‘法律战’研究”（18CGJ021）

【作者简介】马博，南京大学中国南海研究协同创新中心，专职研究员，国际法与海洋研究项目，主任；周宸宇，南京大学国际问题研究院，硕士研究生。

发展当前中国和文莱的双边关系，通过“一带一路”倡议和文莱进行战略对接是确保未来两国政治互信、经贸关系进一步发展的最优选项。中

* 原文发表于《南洋问题研究》2017 年第 1 期，本篇对原文做了补充和更新。

国国家主席习近平多次提出，“一带一路”建设要在现有地区合作机制和倡议的基础上，推动中国与目标国实现发展战略相互对接，实现优势互补。[①] 在2018年11月的访文之行中，习近平主席再一次提出中文两国要深耕务实合作，加强战略对接，并表示中方愿继续以此为文莱实现经济多元化提供助力。[②] 从文莱角度，其政府在2008年提出了“2035宏愿”的国家发展战略，旨在到2035年实现一系列国家发展目标。为实现中国、文莱两国战略对接的顺利进行，进一步促进双边关系的发展，首先，要客观分析“2035宏愿”的含义及背后的战略目标，切实了解文莱的诉求；其次，实现中文两国的战略对接须建立在已有的双边合作基础上，洞悉两国战略对接的潜力领域，以此建立未来两国合作的具体模式；最后，中文两国战略对接不可避免会遇到国内外不利因素的挑战，直面挑战，分析战略对接的政治、经济风险，才能客观评估两国未来合作的前景。本文尝试从以上角度，分析中国与文莱实现战略对接的潜力、路径以及可能遇到的挑战。

一 “2035宏愿”评析及其战略目标

“2035宏愿”是文莱为适应经济全球化，赢得未来国家发展机遇而制定的国家发展战略。文莱全国有33个岛屿，人口约为43万，国土面积约为新加坡的9倍，人均GDP位列全球前十。[③] 尽管国土面积狭小，但文莱拥有丰富的油气资源，是东南亚地区仅次于印尼和马来西亚的第三大产油国和世界第四大天然气生产国。石油和天然气产值占其国内生产总值的66%，占出口和财政收入的90%以上。[④] 基于此现状，“2035宏愿”官方文本提出未来文莱需要制定并实现八大战略，分别为（1）教育战略；（2）经济战略；（3）安全战略；（4）政府机构发展战略；（5）本土商业

---

① 《习近平：“一带一路”建设的愿景与行动文件已经制定》，中国网，2015年3月28日，http：//finance. china. com. cn/news/speical/boao2015/20150328/3028315. shtml，登录时间：2018年1月5日。

② 《习近平在文莱媒体发表署名文章》，新华网，2018年11月17日，http：//www. xinhuanet. com/politics/leaders/2018－11/17/c_ 1123727732. htm，登录时间：2018年11月18日。

③ 文莱（Brunei）一词在梵文中是“海上贸易者”的意思，文莱自古就是海上丝绸之路的重要枢纽，当前发挥着“东盟东部增长区”的区位优势。

④ 刘新生：《天堂秘境——文莱》，上海锦绣文章出版社2010年版，第76页。

发展战略；(6) 基础设施发展战略；(7) 社会保障战略；以及 (8) 环境战略。除此之外，“2035 宏愿”还包括每五年制定一次的《文莱国家战略、政策和发展纲要》，确保每五年政府对国家发展战略进行适当调整。“2035 宏愿”的最终目标并非达到一个特定的经济总量，而是以培养高素质人才，实现人民生活质量的持续提高为目的。究其原因，是为了让整个文莱社会“对苏丹和国家保持忠诚，对伊斯兰信仰保持忠诚，促进社会的和谐和包容”。[①] 可见，宏愿的最终战略目标，是为了维护文莱的“政治稳定，社会和睦和繁荣”。[②] 文莱政府还特别提出，为了保证该战略顺利实施，本国政府和私营企业、外资都应积极参与到宏愿的设计和执行过程中，这也为吸纳其他国家参与创造了条件。

诚然，“2035 宏愿”作为一个国家发展战略，很多具体的实施方案还较为模糊，但最为重要的一点是文莱政府意识到在政治、经济和文化全球化的背景下，其建国以来“效忠王权，忠于伊斯兰信仰”的立国理念正面对来自国内外的众多挑战。保持经济持续增长，人民生活的持续改善，实现国家的可持续性发展是维护国家政治稳定的必然选项。近年，文莱苏丹重申“2035 愿景”的核心在于改善文莱的国家福利并使人民获得更加高质量的生活。[③] 实现“2035 宏愿”重点是促进经济快速、多元化发展，包括全方位引进外资、推动中小企业发展、提高社会生产力、改善招商环境、大力发展设施建设、促进当地就业等。[④] 在落实上，文莱政府遵照以往的传统，按每五年编制国家发展纲要，计划从 2008 年开始到 2035 年，实现经济年均增长 5%—6%，即国家年收入要从 200 亿文莱元增长到 800 亿文莱元；期望在 2035 年，其石油日产量由当前的 40 万桶增加至 80 万桶。[⑤]

---

① Embassy of Brunei Darussalam to The United States of America, “Brunei Vision 2035-Wawasan 2035”, http://www.bruneiembassy.org/brunei-vision-2035.html，登录时间：2018 年 1 月 5 日。

② Embassy of Brunei Darussalam to The United States of America, “Brunei Vision 2035-Wawasan 2035”.

③ “Delivering on and Implementing a Transformative Post-2015 Development Agenda”, Address at the 69th Session of the UN General Assembly, September 25, 2014, http://www.un.org/pga/post-2015，登录时间：2018 年 1 月 5 日。

④《文莱苏丹 68 岁华诞 重申“2035 宏愿”》，商务部驻文莱经商参处，2014 年 8 月 19 日，http://www.mofcom.gov.cn/article/i/jyjl/j/201408/20140800702568.shtml，登录时间：2018 年 1 月 5 日。

⑤ 白益民：《双面文莱》，《观察》2013 年第 2 期，第 49 页。

作为一个经济意义上的发达国家，文莱政府对全球气候变化引发的自然灾害和可持续性发展以及恐怖主义等议题格外关注，认为处理好这些非传统安全问题是实现宏愿的必要安全保障。

具体来看，“2035 宏愿”围绕着将文莱打造成一个具有高质量基础设施和高素质人才的东盟区域贸易、加工和中转中心的目标进行规划。为了实现该战略目标，文莱政府努力建设，发挥自身吸引外来投资的九大优势。第一，文莱有着稳定的宏观经济环境。世界经济论坛（the World Economic Forum）将文莱评为全球 2013—2014 年度最为稳定的宏观经济市场之一；文莱采用挂钩新加坡元的联系汇率制，保证了汇率的稳定；同时，文莱是东南亚地区福利最好的国家之一。第二，文莱处于亚太的战略交通要道。地理上看，文莱位于东盟的东部中心，有着大型的国际机场和港口，全国的高速公路网络发达，同时连通了三条国际上主要的海底电缆，且全国超过 80% 的互联网资源还未被使用。第三，文莱掌握着全球清真药品最为权威的生产标准，目前正试图将该标准向清真食品、化妆品领域拓展，成为全球清真产业标准制定者是文莱另一个发展目标。第四，文莱有着东盟地区最低的税率。文莱政府不征收消费、个人所得税等税种，企业税仅为 18.5%，是该地区最低之一。第五，文莱对吸引外资有着优厚的条件，允许外资进行百分之百的控股，并且文莱金融部和国家支持的金融机构愿意与外资联合控股。第六，文莱法律强调保护投资者资本的安全，为知识产权设立专门的机构进行保护。第七，文莱政府对外国投资和货物提供低廉的关税，并在其境内提供特殊的补贴。第八，文莱鼓励外商对本国人员进行培训和研发方面的投资，并提供专项资金保障。第九，文莱在国际上有着良好的国际认可度。文莱除了宏观经济环境排名居世界前列，在生物多样性、空气质量、教育和全球竞争力等各项排名中也名列前茅。综合来看，“2035 宏愿”是要依托文莱的自然、经济和人文优势，最大限度地发展本国经济，实现整个社会的可持续发展。

“2035 宏愿”提出的背后，文莱政府有着维护国内政治稳定和维持经济可持续发展的战略目标。文莱取得经济成就的背后有着多种隐忧，促使文莱政府推动“2035 宏愿”以实现国家的可持续发展。尽管文莱是亚洲人均 GDP 最高的国家之一，其经济也因为丰富的油气资源而保持了繁荣，然而，文莱当局认识到占经济总量 66%、出口收入 96% 的油气产业仅能解决全国5%的劳动力就业。经济过于依赖油气资源的"魔咒"一直未能打破，随着人口的增长、新能源科技的发展以及本国非公经济的持续低迷，文莱政府为了维护本国经济的持续繁荣和可持续发展能力，必须推出一个长远的国家战略来应对，实现经济的多元化及社会的稳定。"2035宏愿"应运而生的背后，是文莱政府的多种战略考量。

（一）维护国内政治稳定的目标

维护文莱"马来—伊斯兰—君主制"三位一体的政治制度长期存在是"2035宏愿"首要的国内政治目标。直到1984年，文莱才最终脱离宗主国英国的管制，成为一个主权独立的国家，但国家的独立并没有改变同一个皇族对文莱超过6个世纪的统治。[①] 文莱独立后成为一个政教合一的国家，在1959年，伊斯兰教正式被定为国教，文莱苏丹既是国家元首，也是宗教领袖。[②] 现任文莱苏丹曾宣布"文莱永远是一个主权、民主和独立的马来穆斯林君主制国家"，并提出"马来伊斯兰君主制"（Melayu Islam Beraja）理念，任何人不得违反三位一体的政治制度。[③] 前中国驻文莱大使刘新生认为这意味着"任何人不得反对政府的伊斯兰化政策，不得怀疑苏丹对伊斯兰教的虔诚，也不得怀疑苏丹在宗教上的绝对权威"。[④] 显然，21世纪的全球化对文莱政治制度的挑战既来自于现代观念对传统政治价值观的挑战，也来自于极端主义和恐怖主义势力对皇权的挑战。文莱苏丹主张在现代化建设中保持伊斯兰原则，力图通过建立诸如"文莱伊斯兰教信托基金""文莱伊斯兰银行"等，以正统伊斯兰教思想抵消西方自由主义思想对文莱传统社会的冲击，同时以经济发展抵御"原教旨主义"的影响，[⑤] 但这一策略却受到了国内油气资源日益枯竭和国际油气价格下跌的限制。当过度依赖油气产业的单一经济无力承担起文莱持续已久的高福利和低税收时，民众的不满就会出现。事实上，飙升的失业率尤其是年轻人失业率

---

① 文莱从19世纪开始，逐渐沦为英国的保护国，在二战期间，还曾经被日本占领，二战后英国恢复了其在二战前的各项权益。

② 苏丹意为"伊斯兰大家庭之父"，是国君、王室之首、政府首脑。文莱1405年开始有一世苏丹，现任哈桑纳尔·博尔基亚为第二十九世苏丹，自1967年执政至今。

③ 刘新生：《天堂秘境——文莱》，上海锦绣文章出版社2010年版，第13、28页。

④ 同上书，第30页。

⑤ 同上书，第30—31页。

及被削减的福利已经引起了占文莱社会主体的马来族穆斯林的不满，[①] 为此文莱政府不得不审查媒体、控制舆论。[②] 文莱政府希望通过实现"2035宏愿"，改善人民的生活水平，在东南亚国家纷纷走向西式民主的背景下继续维持国内三位一体的独特政治体制。此外，防止社会贫富差距加大导致宗教极端势力发展威胁文莱政权稳定。

（二）维护国家非传统安全的目标

文莱是一个领土面积狭小，对自然以及人为灾害抵御能力相对脆弱的国家，应对非传统安全方面的挑战对维护文莱国家安全尤为重要。文莱政府特别将"发展相关的组织和设立相关机制以应对自然灾害、恐怖主义和危机管理"列为一项重要的国家安全战略。文莱将恐怖主义、分离主义和自然灾害设定为最为直接的安全挑战，将油气资源的枯竭、经济的可持续性发展以及环境保护问题列为中长期国家安全的挑战来对待。[③] 例如，对油气开发设施的防护和保卫便是文莱政府的一项重大责任。2010 年，墨西哥湾英国石油公司（BP）油井泄漏事故，对当地造成上千亿美元的直接和间接经济损失，BP 为此做出了超过 200 亿美元的赔偿，一旦这样的事故在文莱上演，对国家的经济和生态将造成巨大的影响和破坏。"2035 宏愿"的实施也是为了更好地确保文莱的国家安全，通过加强与地区国家之间的合作来弥补经济过于集中于油气资源的短板，与其他国家一道应对非传统安全领域的挑战。

（三）实现经济多元化的目标

改变单一的经济增长模式，实现以油气经济为依托的多元化经济发展

① Praveen Menon, "As Western Banks Leave, China Adds Brunei to New Silk Road", March 5, 2018, https://www.reuters.com/article/us-china-brunei/as-western-banks-leave-china-adds-brunei-to-new-silk-roadidUSKBN1GH0D8，登录时间：2018 年 3 月 20 日。

② Luke Hunt, "Brunei's Independence Tested by China, Saudi and Waning Oil", May 17, 2018, https://www.ucanews.com/news/bruneis-independence-tested-by-china-saudi-andwaning-oil/82262，登录时间：2018 年 5 月 20 日。

③ Ministry of Defence of Brunei Darussalam, "Brunei: Defence White Paper 2011", http://www.isn.ethz.ch/Digital-Library/Publications/Detail/? lang = en&id = 154918，登录时间：2018 年 1 月 5 日。

方略是“2035 宏愿”的另一个战略考量。一方面，能源业在实现“2035宏愿”中占有决定性的地位。早在 1929 年，英国人就在文莱诗里亚（Seria）发现了石油，该油田成为当时大英帝国所有油田中产量最高的油田。[①]20 世纪 60 年代后，文莱陆续在海上发现储量更大的油田和天然气田，被誉为“东方科威特”。直到 1963 年，文莱石油的勘探、开采和销售一直被英国壳牌石油公司和婆罗洲壳牌销售公司所垄断。[②] 1984 年文莱独立后，油气资源开发权收归国有，依靠出口石油和天然气的收入，文莱政府对居民实行了各种免税政策，同时配有免费的医疗和教育，以及对部分国民提供廉价的住房等福利，将文莱建设成为东南亚最为富庶的国家。根据文莱政府 2013 年公布的《能源白皮书》，能源产业在“2035 宏愿”中需要实现 3 个目标，分别是：1. 增加油气资源的产能；2. 确保能源供给的安全、可靠和有效；3. 通过能源产业带动整体经济发展，特别是增加就业人数。[③]为了实现这一目标，文莱政府设定了 4 个具体实施措施：1. 政策上提供支持；2. 增加人力资本投入；3. 吸引投资，促进油气业发展；4. 确保计划的实施。

另一方面，过于依靠能源业使文莱经济面临系统性风险，经济的多元化势在必行。要达成宏愿的最终目标，文莱能源产业产值要以年均 6% 以上的速度增长至 2035 年，能源业对文莱 GDP 的贡献需要从 2010 年的 100 亿文莱元上升到 2035 年的 420 亿文莱元。[④] 这要求文莱的油气产业不仅要维持当前的产量，还必须升级勘探及开采油气资源的技术以扩大产能，同时，还需要国际能源市场油气价格维持在相对高位。文莱政府提出，在未来必须要改善当前已经逐步老化的基础设施，采用更加先进的油气开采技术，同时，将注意力放到开发中小油气田上。然而，2014—2016 年的国际油气价格下跌使过于依靠油气收入的文莱经济不可避免地受到了冲击。国际油价从 2014 年 7 月的 110 美元/桶大幅跌至 2016 年 10 月的 49 美元/桶，而文莱油气相关收入占其出口比例超过 90% 。三年来油价的下跌导致文莱

① 刘新生：《天堂秘境——文莱》，上海锦绣文章出版社 2010 年版，第 76 页。

② 刘新生、潘正秀：《列国志：文莱》，社会科学文献出版社 2005 年版，第 49 页。

③ Department of Electrical Services，“Brunei Darussalam：Energy White Paper”，March 24，2014，http：//www. des. gov. bn/SiteCollectionDocuments/Energy% 20White% 20Paper% 2020 14（1）. pdf，登录时间：2018 年 1 月 5 日。

④ Department of Electrical Services，“Brunei Darussalam：Energy White Paper”.

石油产业的产量下降，有数据显示，文莱油气产业 2015 年下滑 1.1%，2016 年下滑幅度扩大至 6.1%。油价下跌和产油减少导致文莱经济衰退，2016 年该国 GDP 下降了 2.5%，而政府财政赤字则从 2015—2016 年度的 16.2 亿美元疯涨到 2016—2017 年度的 27.3 亿美元。在削减政府开支的压力下，2016 年文莱政府削减了包括医保和住房补贴在内的公民福利。① 另外，油气资源的储备余量不断减少和开采难度增大也是摆在文莱政府面前的一道难题。一方面，据文莱方面估算，其石油及天然气储备将分别在 25 年及 40 年内耗尽。② 而根据一份西方石油公司的研究报告，文莱的石油甚至将在 22 年后耗尽。③ 另一方面，在文莱每天生产的超过 16 万桶石油里，文莱仅具备每天提炼 1.5 万桶的能力，其余的只能以原油的形式出口到海外，④ 且随着近海油田的日益枯竭，深海石油的开采难度加大也是文莱面对的一项挑战。因此，文莱政府决定大力发展油气下游产业，同时加强石油企业本土化和经济的多元化。⑤

大力引进外资参与能源产业相关的基础设施建设，同时积极发展银行业和旅游业成就文莱经济多元化，是实现“2035 宏愿”的核心方案。文莱政府预计在 2011 年至 2035 年需吸引 700 亿—800 亿文莱元的投资以实现“2035 宏愿”的目标，⑥ 这意味着在未来 20 年内每年需要引进 30 亿—40 亿文莱元的投资。而当前的投资数额仅为目标的一半，因此，大力吸引国外投资不可避免地成为实现经济增长计划的关键。文莱政府正尝试打造一批重点基础设施工程来为今后的投资创造良好的环境，其中包括油气下游产业链和交通基础设施建设，使国外投资者更高速和有效率地在文莱建立自己的企业并投入生产。文莱政府对外国资本进入本国各种项目持欢迎和鼓励的态度，还专门成立相关部门为此类投资开设便捷的服务，并且成立专门部门保护知识产权。此外，文莱政府还计划为外来投资提供减免

---

① Dominik M. Muller, “Brunei Darussalam in 2016: The Sultan is not Amused”, *Asian Survey*, Vol. 57, Number 1, pp. 199 - 205.

② APEC, “APEC Energy Demand and Supply Outlook”, February 2013, http://publications.apec.org/publication-detail.php?pub_id=1389, 登录时间：2018 年 1 月 5 日。

③ Mattew Prusak, “Brunei's Economy Running on Empty”, *The Diplomat*, February 17, 2016, https://thediplomat.com/2016/02/bruneis-economy-running-on-empty/, 登录时间：2018 年 1 月 5 日。

④ APEC, “APEC Energy Demand and Supply Outlook”.

⑤ 刘新生、潘正秀：《列国志：文莱》，社会科学文献出版社 2005 年版，第 125—126 页。

⑥ Department of Electrical Services, “Brunei Darussalam: Energy White Paper”.

税收和特别优惠政策，以此吸引外来资本。最后，文莱政府计划将本国打造成为一个对商业友好、兼容并包的社会，使外国资本放心在文莱长期投资。

（四）将文莱打造成为"东盟东部成长区"中心的目标

1992年，"东盟东部成长区"（BIMP-EAGA）的设想最先由菲律宾总统拉莫斯提出，主要包括文莱，印尼的加里曼丹、苏拉威西，马来西亚的沙巴、沙捞越、纳闽岛，菲律宾的棉兰老岛四个国家的全部和部分地区，是一个人口再次近7千万的次区域。[①] 作为全世界自然资源最为丰富的地区之一，"东盟东部成长区"的目标首先在于促进该次区域人口、货物和服务的自由流动；其次，实现基础设施的互联互通和利用自然资源的最优配置；再次，利用各国处在不同的经济发展阶段，在次区域内实现经济上的优势互补。"东盟东部成长区"在设计上以发展非国有经济为主体，通过市场经济的手段来促进地区经济发展，提出了发展五大战略优先产业，包括基础设施、食品工业、旅游、环境和贸易投资。"2035宏愿"在战略目标上与"东盟东部成长区"有很多契合之处，文莱将目光放在了成为"东盟东部成长区"的中心地带上。2015年，文莱苏丹表示文莱将全力促使"东盟东部成长区"蓝图的实现，并且希望文莱在成长区的贸易往来、投资以及基础设施建设中发挥"交汇点"的作用。[②]

二　"一带一路"与"2035宏愿"的对接潜力与路径

当前，中国和文莱的战略对接得到了两国最高领导人的肯定，并且正

① 关于文莱和"东盟东部成长区"的文献，参见 Pushpa Thambipillai，"Brunei Darussalam：Making a Concerted Effort"，*Southeast Asian Affairs*，2008，pp. 89－104；Pushpa Thambipilla，"Brunei Darussalam and ASEAN：Regionalism for a Small State"，*Asian Journal of Political Science*，Vol. 6，1998，pp. 80－94；Ismail Duraman and Abdul Amin Hj Hashim，"Brunei Darussalam：Developing within Its Own Paradigm"，*Southeast Asian Affairs*，1998，pp. 53－67。

② Ministry of Energy，Manpower and Industry Brunei Darussalam，"HM Stresses BIMP-EAGA Linkage"，April 29，2015，http：//memi. gov. bn/Lists/LatestHeadlines/DispForm. aspx? ID = 228&ContentTypeId = 0x01001197DEBBB6416A44B5571C3C02FDFBD6，登录时间：2018年1月5日。

通过诸如打造“文莱—广西经济走廊”、恒逸文莱 PMB 项目、大摩拉岛大桥、特里塞—鲁木高速公路、乌鲁都东水坝等一系列具体项目积极开展。在 2014—2018 年两国最高领导人的三次互访会面中，习近平主席和文莱苏丹达成了共建“一带一路”及南海问题应由主张国通过友好协商来解决的共识。[①] 此前，李克强总理在 2013 年也表示希望中文两国促进双边贸易快速增长，推动基础设施建设合作，扩大农业和渔业合作，推进能源合作，拓展油气开发、炼化、油田服务等领域的合作，并且支持两国企业共同勘探和开采海上油气资源，实现互利共赢。[②] 对于文莱希望成为“东盟东部成长区”中心的愿望，中国方面也表示了支持。中国驻文莱大使杨健多次表示支持这一倡议。[③] 2016 年，文莱苏丹哈桑纳尔在会见中国外交部部长王毅时也明确表示愿意推动“一带一路”倡议同文莱“2035 宏愿”更好对接，在提升能源开采、基础设施建设等重点领域合作，并且共同推进“广西—文莱经济走廊”建设。[④] 2018 年 11 月习近平访问文莱是中国领导人 13 年以来第一次访问该国。虽然访问中没有签署新的项目，但中文双方表达了在贸易和投资、防务、安全和执法领域加强合作的愿望，中方也将两国关系提升至战略合作伙伴关系。[⑤] 在两国的国家战略对接方面，文方继续保持了对“一带一路”倡议的支持，而中方则表达了助力文莱“2035 宏愿”的意愿，并表示乐意帮助文莱实现经济多元化，为此中方表达了与文方分享在数字经济、电子商务等新兴领域发展经验的意愿和对正在进行

---

① Ministry of Foreign Affairs of the People's Republic of China, “Xi Jinping Meets with Sultan Haji Hassanal Bolkiah of Brunei”, November 10, 2014, http: //www. fmprc. gov. cn/mfa_ eng/topics_ 665678/ytjhzzdrsrcldrfzshyjxghd/t1209897. shtml，登录时间：2018 年 1 月 5 日；《习近平同文莱苏丹会谈 两国签署“一带一路”等双边合作文件》，一带一路网，2017 年 9 月 14 日，https: //www. yidaiyilu. gov. cn/xwzx/xgcdt/28016. htm，登录时间：2018 年 1 月 5 日；《中华人民共和国和文莱达鲁萨兰国联合声明》，中国政府网，2018 年 11 月 19 日，http: //www. gov. cn/xinwen/2018 - 11/19/content_ 5341700. htm，登录时间：2018 年 11 月 20 日。

② 《李克强：进一步提升中国文莱战略合作水平”》，新华网，2013 年 10 月 11 日，http: //politics. people. com. cn/n/2013/1011/c70731 - 23167833. html，登录时间：2018 年 1 月 5 日。

③ “Maritime Silk Road to benefit Brunei”, Xinhua, April 23, 2015, http: //www. chinadaily. com. cn/business/2015 - 04/23/content_ 20517166. htm，登录时间：2018 年 1 月 5 日。

④ 薛飞：《文莱苏丹哈桑纳尔会见王毅》，载《人民日报》2016 年 4 月 23 日第 3 版。

⑤ Shannon Tiezzi, “In Brunei, China Woos Rival South China Sea Claimant”, November 21, 2018, https: //thediplomat. com/2018/11/in-brunei-china-woos-rival-south-china-sea-claimant/，登录时间：2018 年 12 月 5 日。

中的恒逸文莱大摩拉岛石化项目的支持；在两国地区战略的对接上，中方则重申了进一步提升与"东盟东部成长区"合作的意愿，并支持文莱通过该成长区发挥次区域枢纽的作用。在南海问题上，习近平指出，中国珍视文莱提出的双轨制（即南海问题应该通过主张国间的友好协商来解决，且域内国家应该联合确保南海的稳定），并表示愿意和文莱等东盟国家一起促进南海争端的和平解决。[①] 这些有利因素均为未来中文两国进一步的战略合作打下了坚实的基础。

（一）中文两国的合作基础

当前，中国和文莱的经贸合作主要以涉及油气开发的产业合作和油气下游产业基础设施建设为主。早在2011年，温家宝总理与文莱苏丹签署了中文海上石油天然气合作协议，包括海上油气田的勘探合作和油气田上下游合作。中海油和文莱国油达成了关于成立油田服务领域合资公司的协议。该协议在《中华人民共和国和文莱达鲁萨兰国联合声明》中也有提及，以2013年4月5日中文联合声明第十条的原则为基础，未来两国将进一步探讨相关企业在共同勘探和开采海上油气资源领域的合作。[②] 另外，中国对文莱维持着逐年递增的贸易顺差，同时，中国从文莱的进口却出现逐年下降的趋势。中国于2017年超过马来西亚和新加坡成为文莱最大的进口来源地，文莱25%的进口来自于中国。[③] 以2018年2月为例，文莱原油产量同比下降17.9%，原油出口额同比下降了9.9%，进口额却因工业品、机械和交通工具进口的增长而同比增长18.4%。值得注意的是，这一时间段内文莱前三大出口市场为日本、韩国、马来西亚，分别占文莱出口总量的47.9%、18.8%、14.5%，而最大的进口来源地为中国，占文

---

① 《中华人民共和国和文莱达鲁萨兰国联合声明》，中国政府网，2018年11月19日，http：//www.gov.cn/xinwen/2018-11/19/content_5341700.htm，登录时间：2018年12月5日。

② 《中国海油与文莱国油签署成立油田服务领域合资公司协议》，国务院国有资产监督管理委员会，2013年10月14日，http：//www.sasac.gov.cn/n2588025/n2588124/c4126242/content.html，登录时间：2018年1月5日。

③ Michael Hart，"Brunei Abandons South China Sea Claim for Chinese Finance"，*Geopolitical Monitor*，April 4，2018，https：//www.geopoliticalmonitor.com/brunei-abandons-south-china-sea-claim-for-chinese-finance/，登录时间：2018年5月5日。

莱进口总量的35.3%。[①] 因此，吸引中国的投资就成为文莱提振经济的着力点。截至2018年3月，中国对文莱的投资总额已经达到了41亿美元。[②] 在“2035宏愿”中，文莱将吸引FDI作为一个重要的经济增长引擎。当前文莱的“最易创业”指数在东盟国家中位列第四，未来，围绕吸引中方投资文莱将是中文两国合作的一个趋势。

中国和文莱的战略对接有望从油气资源和基础设施建设领域扩展到以服务业为主的多领域、多渠道，并且通过打造次区域合作示范单位进行推广。文莱国内的油气企业、电信业、交通业、能源采集和输送行业均由国有企业垄断经营。文莱政府对认定的“先锋产业”（Pioneer Industries）鼓励引进国外资金和技术，其中包括农业产品（除草剂和杀虫剂）、建筑重工业机器、化工产品、家具装饰业、健康医药、食品生产线、海洋产业、信息技术产业以及纺织制造业。[③] 文莱驻中国大使张慈祥认为，两国的合作可以由当前集中在油气产业和基础设施建设领域扩展到农业、旅游业、文化产业以及通信技术等领域，特别指出加强旅游业合作可以成为双边关系重要的发展机会。[④] 在2014年，中国浙江的恒逸集团对文莱投资了一个规模较大的项目，目前，双方企业的合作正在向多元化发展。浙江大学与文莱大学开设“恒逸石油化工人才班”，为当地培养了人才，2015年，首批13名文莱留学生获成绩单和结业证书，回到文莱大学继续完成本科学业。[⑤]

中文两国在2014年9月签署了《文莱—广西经济走廊经贸合作谅解备忘录》，探索进行次区域合作的新模式。双方确定在农业、工业、物流、清真食品加工、医疗保健、制药、生物医药等领域开展全面合作，推动“文莱—广西经济走廊”成为“21世纪海上丝绸之路”的重要组成

① 《文莱2月份进出口贸易情况》，驻文莱经商参处网站，2018年5月9日，http://bn.mofcom.gov.cn/article/jmxw/201805/20180502743254.shtml，登录时间：2018年5月10日。

② Nile Bowie，“China Throws Sinking Brunei a lifeline”，*Asia Times*，March 18，2018，http://www.atimes.com/article/china-throws-sinking-brunei-lifeline/，登录时间：2018年3月20日。

③ 同上。

④ 董彦、魏嘉琳：《文莱驻华大使张慈祥：文莱积极参与“一带一路”建设》，《中国报道》2015年第10期。

⑤ 《浙江大学与文莱大学联合培养化工人才》，新华网，2015年7月4日，http://www.news.zju.edu.cn/news.php?id=41968，登录时间：2018年1月5日。

部分。[①] 2015 年 9 月 18 日，《文莱达鲁萨兰国政府、广西北部湾国际港务集团合作意向书》签字仪式在广西南宁举行。文莱和广西的钦州港有着深入的合作，文莱将该港口作为挺进中国市场的主要入口。在农业领域，中国和文莱在 2012 年签署谅解备忘录，同意在该领域展开合作；2014 年，广西壮族自治区根据该备忘录开始从文莱购买清真食品。当前，双方就“文莱—广西经济走廊”项目建设中的港口物流、清真食品加工、冷链运输、原油保税和清真工业与生化创新等议题正在展开一系列磋商和具体项目的合作。[②] 文莱—广西经济走廊框架下已落地的有海世通渔业养殖项目和 2017 年已经开始运转的广西北部湾国际港务集团运营的文莱摩拉港集装箱码头项目，其他几个项目包括瑞安香料项目也正在等待落地。[③]

（二）中文两国战略对接路径

在中文两国现有的经贸合作基础上，未来两国的战略对接在科技、农业和第三产业上有着广阔的合作潜力。尽管“一带一路”倡议以投资重大基础设施建设工程优先，但是考虑到文莱本身的战略需要，“开放、包容”的合作内容和方式，能够更加有效地通过战略对接实现发展双边关系的目标。文莱有着发达的公路交通系统，公路质量在亚洲排名第七，因为国土面积狭小，除了诗里亚到巴达斯的轻便铁路外，全国没有铁路，也没有发展铁路交通系统的计划。同时，文莱主要的港口位于麻拉（Muara），每天可以处理 100 万吨的货物，可以较好地应对本国经贸往来的需要。因此，两国的战略对接应选择文莱方面需要的领域，审时度势展开合作。

1. 基建领域的合作

在积极参与文莱新的基础设施项目建设的同时，文莱国内有着对现有

---

① 《文莱—广西经济走廊成为“一带一路”产业合作新平台》，中国新闻网，2016 年 1 月 27 日，http：//gx. people. com. cn/n2/2016/0127/c360170 - 27640962. html，登录时间：2018 年 1 月 5 日。

② 《文莱工业和初级资源部代表团一行到广西钦州保税港区考察》，广西钦州保税港区管理委员会，2014 年 9 月 12 日，http：//www. qzbsg. gov. cn/Article/Details/216ca7a8-89f8-4278-94b2-3cc3508bedc0？cname = xwzx&cid = 0，登录时间：2018 年 1 月 5 日。

③ 《中国驻文莱大使：两国可共同推进在东盟东部增长区的合作》，一带一路网，2017 年 10 月 23 日，https：//www. yidaiyilu. gov. cn/ghsl/gnzjgd/31157. htm，登录时间：2018 年 1 月 5 日。

设施改造和升级的需要，中国企业在该领域可有所作为。目前，中国企业参与建设有代表性的工程为：2014 年 4 月，葫芦岛七星国际投资集团与文莱经济发展局就该公司在文莱独资项目签订土地租赁协议，计划投资 5000 万美元，建设年产钢管 10 万吨的工厂；① 2015 年 9 月，中国建筑股份有限公司和文莱方面签署价值 3.3 亿美元的承包合同，参与建设文莱淡布隆跨海大桥，该桥总长约 30 公里，中国建筑股份有限公司中标的 CC4 标段全长约 11.8 公里，其中的 11.6 公里是穿越森林沼泽的高架桥。这座文莱最长的跨海大桥将成为连通文莱、马来西亚和印度尼西亚三国环岛高速项目的一部分，也把文莱首都与偏远的淡布隆县间的车程由原来的两小时缩短到 15 分钟左右，该桥预计于 2019 年 11 月底通车。② 此外，中国水利水电建设集团与文莱百科地公司联合承建了乌鲁都东供水工程项目，项目于 2010 年 2 月开工，2017 年 6 月完工，2018 年 11 月 17 日正式验收移交文方。根据文莱“2035 宏愿”，该项目不仅能极大疏解当地的洪涝灾害，还将为都东县和摩拉县提供长期、可靠的水资源，并满足首都斯里巴加湾市未来发展所需的饮用和工业供水，可惠及 25 万文莱民众。③ 同时，文莱亟须改善全国的电力能源网络，目标是在 2035 年将能源的使用量减少 45%。为了确保这一目标的实现，未来文莱需要改进能源使用效率，兴建新的供电系统和节能系统，引进节能设备和新能源汽车等。④ 针对这种需要，浙江恒逸集团和文莱财政部全资设立了主权基金（SDC），合资建设千万吨炼油化工一体化项目——恒逸（文莱）PMB 石油化工项目。该项目位于文莱大摩拉岛，被描述为中国私企迄今为止最大的海外项目，项目的员工本土化率达到了 60%，其中项目的一期投资金额达 34.5 亿美元，设计原油加工能力达 800 万吨，年生产 150 万吨对二甲苯（PX）和 50 万吨苯。截至 2018 年底，一期项目已基本完工；预计于 2022 年投产的二期工程的投资

① 《中国对文莱直接投资又迈出坚实一步》，商务部网站，2014 年 4 月 30 日，http://www.mofcom.gov.cn/article/i/jyjl/j/201404/20140400568760.shtml，登录时间：2018 年 1 月 5 日。

② 《淡布隆跨海大桥 2019 年 11 月底通车 将成为文莱最长跨海大桥》，一带一路网，2018 年 12 月 5 日，https://www.yidaiyilu.gov.cn/xwzx/hwxw/73641.htm，登录时间：2018 年 12 月 5 日。

③ 《中企参建乌鲁都东水坝项目将惠及 25 万文莱民众》，一带一路网，2018 年 12 月 13 日，https://www.yidaiyilu.gov.cn/xwzx/hwxw/74542.htm，登录时间：2018 年 12 月 20 日。

④ APEC，“APEC Energy Demand and Supply Outlook”.

额则上升到了120亿美元，并设定了2200万吨原油、350万吨PX和150万吨乙烯加工生产能力目标，二期投产后将形成2200万吨炼油化工一体化基地。[①] 项目许诺创造1万份工作岗位，其中至少一半就业将会流向文莱的大学毕业生，可以预计，这将极大缓解文莱青年失业率高达15%的窘况。[②]

2. 农业、渔业合作

文莱政府对投资食品和农业产业基础设施并无限制，中国与文莱战略对接的另一领域是农产品种植和出口。据统计，文莱每年的大米产量仅为1850吨，而文莱每年需要大米数量不少于3.5万吨，目前的稻米自给率仅为5.3%。有多重原因造成文莱食品产量无法自给，产量过低是其中一个最主要原因。据统计，截至2013年，文莱的稻田产量仅略高于1吨/公顷，而越南和印尼的平均产量达到了5.5—6.2吨/公顷。[③] "2035宏愿"特别提出需要彻底改变文莱当前粮食无法自给的局面，文莱第十个国家发展计划（2012—2017）中提出要建立现代稻米生产工厂和设施，争取在2035年将文莱的大米自给率提升至60%。[④] 在这个过程中，文莱需要农业基础设施、新的土地资源和灌溉技术、农药等化工产品以及引进新的水稻品种。中国方面有条件提供相关技术和产品，截至2015年，中国的水稻产量可以达到6.35吨/公顷，[⑤] 远远超出当前文莱的单位产量。当前，广西企业积极参与"中文合作研发水稻实验示范项目"，试种的10个水稻品种平均每公顷产量为6.86吨，该数值大大高于其他国家在文莱种植水稻的产量。[⑥]

在农业科技、渔业方面，两国也有良好的合作前景。2009年，中国和

---

① 《中国企业"走出去"对接文莱"2035宏愿"战略》，2018年10月26日，一带一路网，https://www.yidaiyilu.gov.cn/xwzx/hwxw/69776.htm，登录时间：2018年11月5日。

② Praveen Menon, "As Western Banks Leave, China Adds Brunei to New Silk Road", *Reuters*, March 5, 2018, https://www.reuters.com/article/us-china-brunei/as-western-banks-leave-china-adds-brunei-to-new-silk-roadidUSKBN1GH0D8，登录时间：2018年3月5日。

③ Jonatan A. Lassa, "Brunei's Vision 2035: Can It Achieve Food Self-Sufficiency?" *RSIS Commentary*, No. 34, February 17, 2015.

④ Ibid..

⑤ 《2018年中国水稻行业种植面积及产量占比》，中国报告网，2018年5月22日，http://free.chinabaogao.com/nonglinmuyu/201805/052233S202018.html，登录时间：2018年5月22日。

⑥ 罗传钰：《文莱产业园区发展概况及对中国企业的投资启示》，广西大学中国—东盟研究院，2015年6月3日，http://cari.gxu.edu.cn/info/1087/6744.htm，登录时间：2018年4月22日。

文莱签署水稻种植、渔业养殖合作谅解备忘录，中方将提供优质杂交水稻品种、技术培训和专家指导，配合文莱政府实现到2035年将粮食自给率从目前的5%左右提高到60%的发展目标。① 目前，广西玉林市旺旺大农牧有限公司已经与文莱方面在该领域展开了合作，双方同意中国投资330万美元在文莱建设农业产业园。据报道，该园区规划面积为80公顷，将分两期建成，每期各占地40公顷，园区内将种植蔬菜、水果和水稻，并设有鲜果品尝区和种植示范区。② 当前，广西壮族自治区在农业方面提出了“一港双园三种养”的先期合作建议，以推动“文莱—广西经济走廊”建设。③ 目前，“中国—文莱农业产业园”项目已经在南宁启动，园区用地3万亩，以清真食品园、农产品深加工园、科技研发园、农业观光园、生态健康园等为主要建设内容，预计总投资70亿美元。④ 在渔业合作方面，文莱有161公里的海岸线，200海里内有丰富的渔业资源，超过500种鱼和12种虾。广东省海洋渔业局与文莱渔业局签署了合作谅解备忘录，双方指定企业合资在文莱组建了BioMarine有限公司，利用文莱海域优良的水质及气候条件，一期计划在两年内安装80个深海养殖HDPE防浪网箱，预计年产石斑鱼、军曹鱼、金鲳鱼等名贵鱼种400吨，未来产品拟销往中国内地及香港、台湾等地；二期计划建设清真渔业加工厂，利用文莱清真品牌打入中东市场。为支持该项目，文莱渔业局已划定100英亩近海海域用于水产养殖，并计划配套建设鱼产品初加工设施。⑤ 此外，作为“文莱—广西经济走廊”框架下的重点项目，广西海世通渔业（文莱）有限公司自2016年在文莱成立以来，截至2018年10月，共收捕加工成品养殖鱼约300吨，

---

① 《中国和文莱签署水稻种植、渔业养殖合作谅解备忘录》，中华人民共和国驻文莱达鲁萨兰国大使馆网站，2009年11月12日，http://www.fmprc.gov.cn/ce/cebn/chn/sbgx/yx/t626455.htm，登录时间：2018年4月22日。

② 《中文企业将共建农业园区》，商务部网站，2013年9月5日，http://www.mofcom.gov.cn/article/i/jyjl/j/201309/20130900289462.shtml，登录时间：2018年4月22日。

③ 北部湾国际港务集团参与文莱摩拉港运营，建设南宁文莱农业产业园和玉林文莱中医药健康产业园，并在文莱进行鱼养殖、生蚝养殖和水稻种植。

④ 《文莱—广西经济走廊成为“一带一路”产业合作新平台》，中国新闻网，2016年1月27日，http://gx.people.com.cn/n2/2016/0127/c360170-27640962.html，登录时间：2018年4月22日。

⑤ 《中国和文莱签署水稻种植、渔业养殖合作谅解备忘录》，中华人民共和国驻文莱达鲁萨兰国大使馆网站。

并于2018年7月出口第一个冷冻货柜到加拿大，首次实现文莱养殖鱼出口。[①]

3. 第三产业合作潜力

文莱70%的陆地面积被热带森林覆盖，拥有众多天然的海滩，为发展旅游业提供了良好的条件。早在2000年，中国国家旅游局和文莱工业与初级资源部签署了中国公民自费赴文莱旅游实施方案的谅解备忘录，对双方的责任、旅游的规范进行了规定，保证中国公民自费赴文莱旅游的健康发展。但在2002—2013年，文莱的旅游业收入几乎未有增长。2016年，随着文莱放宽了对中国游客的落地签证政策，中国赴文莱游客达4.1万人，相较于2015年增加了11%，2017年仅第一季度访文的中国游客就同比增长了25%。中国已成为文莱第一大游客来源国。[②] 因此，未来在旅游业方面，中国和文莱也存在着可观的合作空间。在科技、金融领域，同样存在机遇。2010年，中国银联开始在文莱开通业务，银联客户可以在佰度里银行ATM机上自由提取本地货币。文莱目前没有证券交易市场，2014年2月，中国证监会与文莱金融管理局签署谅解备忘录，双方同意加强证券期货管理合作。[③] 科技领域，2014年，华为文莱公司成功中标文莱Progresif移动通信公司3G网络改造项目，项目交付期约两年，金额达1720万文莱元，折合1320万美元。[④]

（三）中文海上安全合作

文莱作为南海问题的直接当事国，领土争议问题并非影响其国家安全的首要问题，中文双方在非传统安全领域有广泛的合作潜力。2016年4

---

① 《中企助文莱打造渔业研发中心 文莱养殖鱼首次实现出口》，一带一路网，2019年1月5日，https://www.yidaiyilu.gov.cn/xwzx/hwxw/76476.htm，登录时间：2019年1月10日。

② 《中国驻文莱大使：两国可共同推进在东盟东部增长区的合作》，2017年10月23日，一带一路网，https://www.yidaiyilu.gov.cn/ghsl/gnzjgd/31157.htm，登录时间：2018年1月5日。

③ 《中国证监会与文莱金融管理局签署谅解备忘录》，中国商务部网站，2014年2月18日，http://bn.mofcom.gov.cn/article/jmxw/201402/20140200491256.shtml，登录时间：2018年2月15日。

④ 《华为成功中标文莱3G网络改造项目》，中国商务部网站，2014年12月22日，http://www.mofcom.gov.cn/article/i/jyjl/j/201412/20141200842520.shtml，登录时间：2018年2月15日。

月，文莱苏丹发表声明，提出愿意与中方共同维护南海地区的和平与稳定。① 因为国土面积狭小，生态环境相对脆弱，文莱关心的主要安全挑战是其海上油井和油船的安全，避免发生漏油事故对整个国家经济和环境造成破坏。当前，文莱有超过200个海上油气平台，保证这些平台的运作安全是其国家安全战略的一项重要任务。同时，文莱方面着手严厉打击走私和非法捕鱼行为，为此成立了海洋事务部（MDA）和国家海洋联络中心。在反恐方面，2011年成立了国家反恐局（ATO）。

文莱政府对在非传统安全领域与他国政府合作保持着开放的态度。文莱政府在2011年《国防白皮书》中提出愿意在五个领域与其他地区国家优先进行军事合作，包括人道主义援助、救灾减灾、海洋安全、军事医疗、反恐以及维和行动，特别提出加强应对人为灾难的能力。2013年，文莱政府召集亚太地区国家的军事部门进行了人道主义救援和减灾方面的演习。然而，近年来，文莱的国防预算却因为经济下行的压力而有所下降。2015年，文莱的国防预算比上年减少25%，由2014年的7.19亿文莱元到2015年的5.37亿文莱元。② 面对经济下滑，是否能够保证文莱有能力达成其国防白皮书中的战略目标将是未来关注的议题。在军事合作方面，印度和文莱的合作走在了前列。两国在2016年2月签署了双方军事合作备忘录，决定未来在两军各层级互访、军事交流及信息共享、联合演习和国防工业合作四个方面进行紧密合作。③ 美国和文莱也进行着类似的军事合作。两国早在1994年就签署了《军事备忘录》，随后在联合演习、军事训练和交流等领域均有合作。据此，未来中国在以上几个领域与文莱展开类似的合作存在较大可能。2013年，中国海军“和平方舟号”医院船参加在文莱的东盟医学联演，并且受到了文莱苏丹的接见。在2015年的第五届“香山论坛”上，文莱副防长穆斯塔帕表示愿意与中国在安全合作上更进一步，特别是在“非作战行动”领域（Military Operations Other Than War）；在预防性外交方面实现积极合作，并主张南海问题争议方进行直接的沟通

---

① 薛飞：《文莱苏丹哈桑纳尔会见王毅》，《人民日报》2016年4月23日第3版。

② Prashanth Parameswaran, “What's behind Brunei's New Defense Budget for 2016?” *The Diplomat*, March 15, 2016, http://thediplomat.com/2016/03/whats-behind-bruneis-new-defense-budget-for-2016，登录时间：2018年2月15日。

③ Prashanth Parameswaran, “India, Brunei Ink New Defense Pact”, *The Diplomat*, February 4, 2016, http://thediplomat.com/2016/02/india-brunei-ink-new-defense-pact/，登录时间：2018年2月15日。

和交流，维护南海地区的稳定与和平。① 在这些领域，中国可以和文莱有选择地进行双边合作或者在东盟框架内进行合作。

文莱面临的国家安全挑战，除了自然灾害，最主要是恐怖主义、分离主义。2005 年印尼巴厘岛爆炸，以及随后发生在印尼、菲律宾等国的有组织的恐怖袭击，都对当地的经济和社会稳定造成了破坏，极大地影响了这些国家的国际形象和投资者的信心。2010 年在中东开始的"阿拉伯之春"，使得一些国家政局动荡。文莱作为一个马来人占国民比重超过 66%，少数族裔人口占 34% 的多民族国家，对宗教和民族极端势力可能发动的恐怖袭击的防范是政府最大的国家安全任务。在 2011 年公布的《国防白皮书》里，文莱政府将包括宗教极端势力在内的恐怖主义对本国可能发起的针对政府和民众的"无差别"袭击列为国家安全的首要隐患。②

文莱作为一个东南亚地区面积狭小的国家，其安全考量定位在协助维护地区现存秩序的稳定，同时加强自身应对自然、人为灾害对其非传统安全的挑战上。学者鞠海龙认为，文莱的安全考量有三个层面：南海争端的影响，周边大国博弈的影响以及非传统安全形势对其安全的影响。③ 基于这些考量，文莱在 1984 年独立伊始，即宣布本国的外交政策应该保持以下原则：与各国保持友好关系；不干涉他国内政；相互尊重领土主权完整；维护和促进本地区的和平、安全与稳定。④ 在文莱 2011 年《国防白皮书》(2015 年 9 月修订版) 里，文莱政府进一步将国家安全定义为不仅是本国的国防安全，更是要努力创造一个周边良好的"战略环境"(Strategic Environment)。⑤ 在具体的国家安全政策方面，文莱国防力量主要被应用到保护重要的基础设施和国家财产上，特别是防止自然环境受到破坏。文莱的武装力量的主要任务也并非定位在与他国作战，而是应对国内外诸如恐怖

---

① "Speech by Dato Paduka Haji Mustappa Haji Sirat, Deputy Defence Minister of Brunei Darussalam: On Regional Maritime Security: Cooperation and Challenges", July 24, 2015, http://icmh41.ams.ac.cn/portal/content/content! viewContent.action? contentid = 2c5090c4-3280-4c12-a8c0-9d94fc5a8f29&contentType = english&subName = Xiangshan%20Forum，登录时间：2018 年 2 月 15 日。

② Ministry of Defence of Brunei Darussalam, "Brunei: Defence White Paper 2011".

③ 鞠海龙：《文莱海上安全政策初探》，《东南亚研究》2010 年第 6 期，第 25 页。

④ 刘新生、潘正秀：《列国志：文莱》，第 72 页。

⑤ Ministry of Defence of Brunei Darussalam, "Brunei: Defence White Paper 2011".

袭击等不安定因素，特别强调保护文莱的海上油气井等国家财产不受侵犯和破坏。

在处理与周边国家领土、海域争议问题上，文莱倾向通过和平谈判解决分歧。2016 年 4 月 23 日，中国外长王毅在万象和文莱、柬埔寨和老挝官员就南海问题达成了四点共识，即南沙部分岛礁存在的争议不是中国和东盟之间的问题，不应影响中国—东盟关系；应尊重各国根据国际法自主选择争端解决方式的权利，不赞成单方面强加于人的做法；应根据《南海各方行为宣言》第四条的规定，坚持由直接当事国通过对话协商解决领土和海洋权益争议；中国和东盟国家有能力通过合作共同维护好南海的和平稳定，域外国家应发挥建设性作用，而不是相反。①

1984 年 1 月 7 日，独立后不到一周，文莱便加入了东盟，作为一个积极支持东盟的国家，文莱在 2011 年《国防白皮书》中指出，文莱应该主要依靠东盟来维护自身和区域的安全，同时维护联合国在国际和地区安全事务中的权威作用。在处理与域外大国美国的关系上，文莱是“卡拉”联合演习（联合海上战备和训练，Cooperation Afloat Readiness and Training，CARAT）的创始成员国，也一直通过该演习维持和美国海军的良好关系。②但另一方面，文莱也一直稳步发展与中国的防务合作，2018 年习近平访文的过程中，就将中文关系升级为战略合作伙伴关系，并在联合公报中承诺进一步加强防务安全合作，共同落实好两国防务合作谅解备忘录。③ 这也表明文莱并没有试图将自身的安全依赖中国、美国等地区大国，而是在大国中寻求平衡。

综合来看，文莱国家安全战略的挑战来自非传统安全领域。具体来看，文莱希望各国在打击恐怖主义和跨国犯罪方面加强信息共享和联合执法，在预防和应对自然、人为灾害方面期望各国将其列为各自安全战略之中统筹考量。

---

① 《王毅谈中方和文柬老三国就南海问题达成的四项共识》，中华人民共和国外交部，2016 年 4 月 23 日，http://www.fmprc.gov.cn/web/wjbz_673089/zyhd_673091/，登录时间：2018 年 3 月 10 日。

② Christian Lopez, “Navy trains with Brunei in South China Sea during latest CARAT drills”, November 14, 2018, https://www.stripes.com/news/pacific/navy-trains-with-brunei-in-south-china-sea-during-latest-carat-drills-1.556551.

③ 《中华人民共和国和文莱达鲁萨兰国联合声明》，中国政府网。

三　中文两国战略对接的意义和挑战

在当前南海问题日趋国际化、复杂化的形势下，通过“一带一路”倡议发展与南海周边国家的战略对接对维护地区稳定、实现中国“和平发展”的战略目标有着特殊的意义。文莱尽管面积狭小，经济体量不大，但却是南海问题“五国六方”中态度温和，可以与中方就岛屿争议进行双边谈判，彻底解决两国海洋纠纷的一个关键国家。了解文莱的战略诉求，积极开展与其的战略对接，不仅可以展示中方“亲、诚、惠、荣”的外交理念，更好地团结东盟中温和的力量，为周边国家与中国的合作做出示范作用，更加可以为最终解决南海问题，维护南海地区的繁荣和稳定，实现中国的“强国梦”积累正能量。

未来中国和文莱战略对接的挑战主要体现在文莱国内经济受国际油价低位运行的负面影响、地区贸易规则变化、文莱国内政治因素，以及可能出现的南海问题复杂化四个方面。首先，长期以来，文莱经济过于依赖油气资源，九成以上的财政收入来自油气产业，近两年国际油价暴跌导致文莱油气收入大幅下滑，使其面临前所未有的财政压力。2014—2016 年，文莱的经济增长率均为负数，2017 年随着国际油价回升，文莱的 GDP 增长率才终于为正。[①] 2016—2017 财年，文莱源于油气产业的财政收入预算仅为 8.54 亿文莱元，在财政收入中的比重大幅下降到 48.4%。[②] 而文莱 2016—2017 年财政支出预算 56 亿文莱元，收入预算仅为 17.64 亿文莱元，较上一财年财政收入减少 23.53 亿文莱元，降幅 57%，赤字依存度高达 68.5%。[③] 长期以来，石油价格高位运行使得文莱政府提供给国民优厚的福利，从而导致文莱人民养尊处优。当前，文莱 24% 的家庭需借贷支付日常开销，49% 的家庭没有银行存款，文莱政府为了控制国民的过度开销于 2015 年实施金融机构贷款新规，限制个人每月债务金额，以抑制超前和过

---

① Ralph Jennings, “If Brunei Takes China's Energy Deal, Neighbors May Follow”, *VOA*, December 7, 2018, https://www.voanews.com/a/if-brunei-takes-china-energy-deal-neighbors-may-follow/4690627.html，登录时间：2018 年 12 月 20 日。

② 《文莱 2016/2017 财年预算赤字依存度接近 70%》，中国商务部网站，2016 年 3 月 9 日，http://bn.mofcom.gov.cn/article/jmxw/201603/20160301271429.shtml，登录时间：2018 年 3 月 10 日。

③ 《文莱 2016/2017 财年预算赤字依存度接近 70%》，中国商务部网站。

度消费。[①] 同时，文莱苏丹的个人财富却达到了创纪录的 270 亿美元，社会贫富差距不断拉大。国际货币基金组织曾指出，文莱需要改善其财政支出，以及继续改善制度来应对油价的低位运行。[②] 在这种背景下，实现“2035 宏愿”，文莱政府迫切地需要引进外资，特别是大型投资项目，但是在与外国的合作过程中，文莱政府是否有足够的财力履行承诺同时始终维持政治稳定，将会成为投资文莱一个不能被忽视的风险。

其次，中国与文莱的贸易可能受制于地区贸易机制的变化而出现滞涨。文莱从 2005 年开始参与“跨太平洋战略经济伙伴关系协定”（TPSEP），到 2015 年签署美国主导的“跨太平洋伙伴关系协定”（TPP），都表现出积极的态度，是 12 个首批加入 TPP 的成员之一。中国国内有学者认为通过积极参与 TPP，文莱可以进一步加强与日美这两个国家的友好关系，[③] 提升自身参与地区经济合作的话语权，通过对国际经济规则的参与和修改来服务于国内经济发展的需要。[④] 虽然特朗普上台以来 TPP 宣告终结，但美国的执政精英却已然达成了“遏制中国的经济影响力，把中国在亚太国家的影响力推回去”的共识。在 2018 年习近平主席访问文莱前，美国副总统彭斯就在 APEC 会议上呼吁参会国不要被中国的基建项目所迷惑，称北京的贷款“不透明”，会导致“惊人的债务”，并对标“一带一路”倡议，宣布美国将提供 600 亿美元的资金给发展中国家升级基建，[⑤] 这表明美国对于被中国吸引的周边国家可能会采取反制措施。文莱也是中

---

① 《文莱将限制国民借贷和超前消费》，新华网，2015 年 6 月 4 日，http：//news. xinhuanet. com/world/2015 - 06/04/c_ 1115515142. htm，登录时间：2018 年 2 月 25 日。

② 《一带一路：文莱市场概况》，香港贸易发展局，2016 年 3 月 30 日，http：//china-trade-research. hktdc. com/business-news/article/一帶一路/文萊市場概況/obor/sc/1/1X3CGF6L/1X0A3N9U. htm，登录时间：2018 年 2 月 25 日。

③ 关于文莱和美国双边关系的文献，参见刘新生、潘正秀《列国志：文莱》，社会科学文献出版社 2005 年版，第 227—229 页；邵建平、杨祥章《文莱概论》，世界图书出版公司 2012 年版，第 267—278 页。

④ 罗传钰：《文莱加入 TPP 的前景分析及对中国的启示》，广西大学中国—东盟研究院，2015 年 7 月 6 日，http：//cari. gxu. edu. cn/info/1087/6884. htm，登录时间：2018 年 4 月 22 日。

⑤ Shibani Mahtani，Gerry Shih，“Xi Launches Philippine Charm Offensive as China Looks To Dislodge U. S. Influence”，*The Washington Post*，November 20，2018，https：//www. washingtonpost. com/world/asia_ pacific/xi-launches-philippine-charm-offensive-as-china-looks-to-dislodge-us-influence/2018/11/20/40413c10-ec92-11e8-96d4-0d23f2aaad09_ story. html? utm_ term = . c6d9c326669e，登录时间：2018 年 12 月 20 日。

国倡导的区域全面经济伙伴关系协定（RCEP）成员之一，如何维护好与文莱的贸易使其免于地缘政治竞争的阻碍，中国政府必须思考尽快达成与文莱双边的自贸协定，或者在RCEP的框架内加强与文莱的贸易往来，以稳步推进中文经贸合作。

再次，未来中文两国的合作不排除受南海局势升温而遭受负面影响。自两国1991年建交以来，中国长期视文莱为值得信赖的油气资源合作伙伴，并且从文莱大量进口石油。例如，2011年，文莱同意对中国出口石油由每天1.3万桶提升至1.6万桶，中海油也参加了文莱的油气资源开发计划。[①] 两国领导人在2013年签署联合公报重申加强两国之间的能源合作，特别在油气联合勘探、开发和提炼方面的合作。然而，南海局势不可避免地影响两国共同进行的油气资源开发。从2013年开始，中国从文莱进口的油气产品的数额开始明显减少，贸易总额上由原先的逆差变为对文莱的顺差。如果这种局面无法改善，中国对文莱继续维持较大的顺差，且由于地区大环境因素减少或者停止从文莱进口油气资源，都将对两国关系造成不小的负面影响。南海的和平与稳定是文莱实现“2035宏愿”最大的保障，未来南海局势的发展对文莱的利益有着深刻的影响，在中美之间不偏不倚，保持中立，不公开表态支持争议的任何一方符合文莱的国家利益；同时，文莱希望与包括中国在内的各方展开积极的经贸合作，以实现其“2035宏愿”制定的经济和社会发展目标。

最后，文莱于2013年通过的“伊斯兰教法”为“2035宏愿”的实施效果增添了不确定因素。此前，世界银行已经在《全球营商环境报告》中将文莱的营商环境列为第84位，远低于亚太地区第61位的平均值，而70%—80%的文莱公民受雇于政府或者和政府相关的企业和部门。[②] 2013年，文莱成为东南亚第一个施行“伊斯兰教法”的国家，该法适用于所有国民包括非穆斯林。随后，文莱政府禁止国民庆祝西方的圣诞节和中国的农历新年。伊斯兰金融在马来西亚和印尼两国发展得较为顺利，而文莱2013年公布的“伊斯兰教法”降低了该国对国外资本的吸引力，例如，该法的颁布和施行直接催化了花旗银行和汇丰银行的撤出决定，它们留下的

① Prashanth Parameswaran, “China and Brunei: Ties that Bind?” *China Brief*, Volume 12, Issue 21, November 5, 2012.

② Mattew Prusak, “Brunei's Economy Running on Empty”.

空位于2016年4月被中国银行所填补。[①] 同时禁酒令也间接地影响了旅游业发展，特别是对西方国家游客的吸引有所下降。而文莱元跟随新加坡元的汇率也使文莱成为该地区生活成本最高的国家，降低了对外资的吸引力。据分析，文莱施行宗教限制主要在于维护苏丹统治的权威，通过禁止宣扬其他宗教的节日来进一步巩固文莱伊斯兰宗教的权威性。但是，这些举动在国际社会引起不满，美国有国会议员以文莱施行伊斯兰教律为由反对接收文莱作为TPP的成员，以此作为压力促使文莱政府改善人民的宗教自由状况。[②] 尽管该法律主要针对穆斯林国民，但是违法的后果是有可能被处以极刑。国际"人权观察"的研究员罗宾逊认为文莱政府正在施行封建制下的法律，这和21世纪以及文莱作为东盟成员国的身份极不吻合。[③] 特别是"2035宏愿"里强调要提高人力资本，培养高层次人才，然而"伊斯兰教法"的实施对于吸引国外人才，留住本国高素质人才都将产生负面作用。这对旅游业的发展也构成挑战，国外游客将可能选择政治、宗教上更有包容性的马来西亚和印尼，而不是去有着众多禁忌的文莱。

结　语

中国和文莱两国通过战略对接加强合作从根本上符合两国的国家利益，可以实现共赢的局面。"2035宏愿"的本质是通过扩大对外合作改变文莱经济增长的固有模式，以适应全球化对文莱政治体制、可持续发展带来的挑战，为文莱赢得未来创造一个更加有利的国内外环境。通过和平的手段解决与周边国家的海洋争议，与地区国家一道共同应对非传统安全的挑战是保障"2035宏愿"顺利实施的必然之选。"一带一路"倡议的核心是实现政策沟通、设施联通、贸易畅通、资金融通、民心相通的"五通"，

① Jeevan Vasagar, "Bank of China Opens Branch in Brunei", April 20, 2016, *Financial Times*, https: //www. ft. com/content/3d716398-06da-11e6-96e5-f85cb08b0730，登录时间：2018年3月15日。

② Bill Ozanick, "The Implications of Brunei's Sharia Law", May 21, 2015, *The Diplomat*, http: //thediplomat. com/2015/05/the-implications-of-bruneis-sharia-law/，登录时间：2018年1月5日。

③ Ankit Panda, "Brunei Becomes First East Asian State to Adopt Sharia Law", October 25, 2013, *The Diplomat*, http: //thediplomat. com/2013/10/brunei-becomes-first-east-asian-state-to-adopt-sharia-law/，登录时间：2018年1月5日。

而东南亚国家又是“21世纪海上丝绸之路”的重点合作区域，文莱不仅作为南海问题的直接当事方对维护地区和平与稳定有着重要的作用，作为“一带一路”沿线的“关键小国”，中文两国之间的战略对接也可以打造合作典范，为中国和更多的沿线国合作产生“示范作用”。未来，在中文两国已有的合作基础上，妥善处理两国的海洋纠纷，共同应对地区贸易模式的转变，同时化解文莱国内政治的不利因素，两国之间的战略对接和合作必将达到新的高度。

The Prospect of Sino-Brunei Strategic Connectivity under the Belt and Road Initiative and Brunei Vision 2035

Ma Bo　Zhou Chenyu

Abstract Brunei Darrusalam's Vision 2035 is a national development strategy designated to maintain the stability of the regime, strengthen the national security and transform Brunei into a regional economic hub. To align Brunei Vision 2035 and the Belt and Road Initiative receives endorsements from the top leadership of both China and Brunei for developing bilateral ties, paving the way for comprehensive cooperation in the fields of infrastructure construction, scientific technology, agriculture and tertiary industries. In addition, the docking of these two strategies is helpful for the two sides to better tackle the non-traditional security challenges, and is also significant to working out appropriate solution for the South China Sea dispute as well as maintaining regional peace and stability. The uncertainties arise from the slowdown in Bruneian economy, changes in regional trade rules and Brunei's implementation of the Sharia Law.

Key Words BRI; Brunei Vision 2035; Strategic Alignment; Sino-Brunei Relations

Authors Ma Bo, Research Fellow, China Center for Collaborative Studies of the South China Sea, Nanjing University; Zhou Chenyu, Postgraduate Student at the Institute of International Studies, Nanjing University.

柬埔寨："一带一路"国际合作的新样板

——关于柬埔寨经济与未来发展的实地调研报告

王　文　刘　典*

【摘要】柬埔寨是中国推动"一带一路"建设的重要国家，随着近年来柬埔寨经济的快速发展和中柬合作的稳步推进，"一带一路"为柬埔寨发展转型升级注入了巨大动力，中柬两国各领域的合作也取得了丰硕成果。未来，在"一带一路"框架下，中国应正视与把控中柬合作风险，加大与柬埔寨合作力度，创新合作方式，深化合作深度，将中柬合作树立为"一带一路"国际合作新样板。

【关键词】"一带一路" 柬埔寨 中柬关系 国际合作

【作者简介】王文，中国人民大学重阳金融研究院执行院长、丝路学院副院长、教授、国务院参事室金融研究中心研究员；刘典，中国人民大学重阳金融研究院助理研究员。

被低估的柬埔寨："一带一路"蓝图的重要交汇点

位于中南半岛的柬埔寨是古代海上丝绸之路的重要一站，也是打造"21世纪海上丝绸之路"的重要支点。根据2017年5月中国官方发布《共建"一带一路"：理念、实践与中国的贡献》所描绘五大方向的发展蓝图，柬埔寨恰好处于其中三大方向交汇的核心地带。

2016年10月，习近平主席对柬埔寨进行国事访问，中柬两国签署了

---

* 原文发表于《当代世界》2018年第1期，本篇对原文做了补充和更新。

《中华人民共和国和柬埔寨王国关于编制共同推进“一带一路”建设合作规划纲要的谅解备忘录》等31项合作文件。“一带一路”倡议很好地契合了柬埔寨的国家发展规划，并得到了首相洪森及社会各界的广泛支持。2018年7月18日，中国人民对外友好协会与柬埔寨驻华大使馆在北京共同举办中柬建交60周年庆祝招待会。2019年1月21日，习近平主席在钓鱼台国宾馆会见柬埔寨首相洪森，两国共建“一带一路”不断走深走实。中柬两国在“一带一路”框架下进行的深度合作为“21世纪海上丝绸之路”向印度洋、南太平洋方向延伸提供了重要支撑。

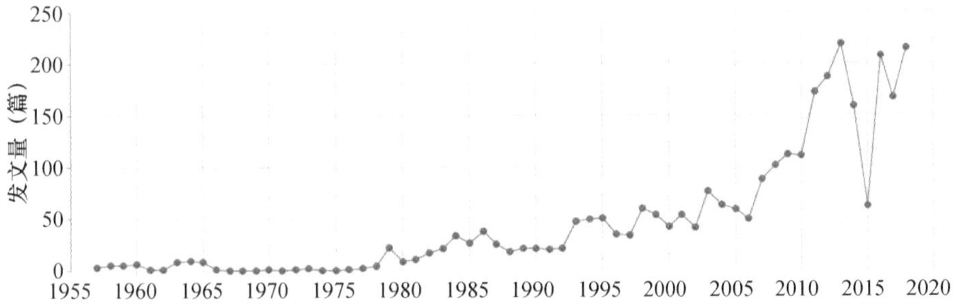

图1　1960—2018年CNKI以柬埔寨为关键词检索的文献数量

在这样的背景下，2018年中国期刊全文数据库（CNKI）可检索到的以柬埔寨为关键词的文献数量较一年前增加近30%。然而纵观相关文献，研究主题过于分散，缺乏对“一带一路”历史机遇下中柬合作的务实研究和深入思考。①

中国人民大学重阳金融研究院（简称人大重阳）一直主张“脚底板做学问”的理念，坚持“调研出真知”的治学态度。2017年11月，人大重阳赴柬埔寨考察，对当地的经济社会发展状况进行实地调研，并根据调研经验撰写本报告。本报告审视柬埔寨发展机遇与风险并存的宏观背景，挖掘“一带一路”倡议对柬发展转型的重要意义，思考未来中柬合作模式的

① 代表性的论文如：方天建、何跃《冷战以来柬埔寨地缘政治变动研究》，《世界地理研究》2014年第4期，第32—42页；王志刚《开放经济下的高增长奇迹：重建后柬埔寨经济评析》，《东南亚研究》2015年第4期，第4—11页；田原、王志芳、孔维升、祁欣、范鹏辉、吴凝、幸瑜《柬埔寨外向型经济发展与中柬经贸合作》，《国际经济合作》2017年第6期，第60—66页；邵建平、宗蔚《“一带一路”在柬埔寨：进展、困难和前景》，《和平与发展》2018年第5期，第16—32页。

创新方向，为“一带一路”在柬埔寨的推进提供建设性建议。报告认为，有必要将柬埔寨塑造为“一带一路”国际合作的样板国家，为推动“一带一路”在东南亚乃至更广泛区域内的建设起到良好的示范作用。

一　柬埔寨经济崛起的机遇与挑战

（一）脱贫成就斐然，面临发展瓶颈

自2012年以来，柬埔寨在经济和社会各领域建设取得显著成绩，于2016年从世界银行定义的“低收入国家”晋升为“中低收入国家”。在现任首相洪森领导下，柬埔寨各主要领域均出现了飞跃式增长：基础建设方面，年新增道路里程超过1万公里；社会发展方面，截至2018年11月，移动互联网用户多达1297万人，占全国总人口的80.74%；旅游业方面，2018年前9个月，柬埔寨吴哥窟接待国际游客逾174万人次，比2017年同期增长8.49%；建筑业方面，2018年柬埔寨投资额达57.55亿美元，建筑面积达到1079万平方米，建筑行业仍然是柬埔寨的支柱产业。

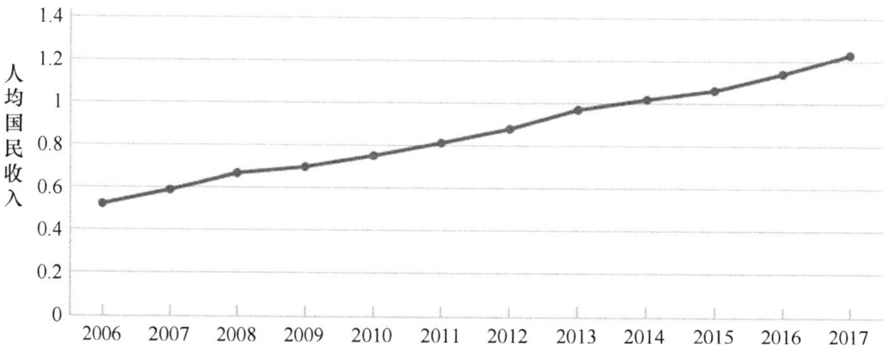

图2　2006—2017年柬埔寨人均国民收入（GNI）（单位：千美元）

资料来源：世界银行柬埔寨数据库。

尽管取得了累累成就，柬埔寨仍然是亚洲最贫穷的国家之一。在经济持续多年中高速增长的同时，原本推动柬埔寨脱贫进程、经济迅速发展的主要动力呈现出减弱趋势。由于投资规模有限、产业结构单一、劳动力技

能相对匮乏等，未来柬埔寨的经济增长速度面临下行压力。当前贫困率的下降主要由过去数年间农业领域产值的迅速提高和成衣业的长足发展所带动，但不容忽视的是柬埔寨约三成人口生活在"近贫"线（每天收入低于2.3美元）上下。一旦农产品价格和成衣从业人员工薪下降，大量民众便有可能立即重返贫困。[①] 另外，根据2017年12月世界银行报告，柬埔寨几乎没有中等收入者，以及超过五成的国人仍易受经济危机影响，且柬埔寨尚有0.7%的国民处于严重贫穷线下。

（二）基础设施建设发展迅速但远远不能满足需求

在基础设施投资方面，柬埔寨的发展规划赶上了东盟经济共同体成立的良好机遇。作为一个脱贫进程飞速推进的欠发达国家，柬埔寨已成为东盟十国中最具有投资吸引力的目的地。根据柬埔寨运输部的数据，柬埔寨每年需要向国外贷款5亿美元修建道路，政府同时拨款1亿至2亿美元维护道路，基础设施建设融资金额相当大。[②] 根据柬埔寨发布的《2018—2020年公共投资计划》，今后三年该国基础设施建设投资将占总投资的四分之一以上。

表1　**柬埔寨和周边国家基础设施数据对比（满分为7）**

国家		基础设施整体质量	道路质量	铁路质量	港口质量	航空运输质量
泰国	得分	4.1	4.3	2.6	4.3	5.2
	排名	67	59	72	63	39
越南	得分	3.6	3.4	3.0	3.7	3.8
	排名	89	92	59	82	103
柬埔寨	得分	3.4	3.2	1.6	3.7	3.7
	排名	99	99	94	81	106
老挝	得分	3.8	3.3		2.3	3.8
	排名	83	94		127	101

① World Bank, "Sustaining Rapid Growth in a Challenging Environment", *World Bank Other Operational Studies*, vol. 3142, 2009.

② 《柬埔寨每年贷款5亿美元建路》，《高棉日报》2017年12月29日。

续表

国家		基础设施整体质量	道路质量	铁路质量	港口质量	航空运输质量
缅甸	得分	2.4	2.3	1.8	2.6	2.6
	排名	135	136	96	123	132

资料来源：全球经济论坛《2017—2018 年全球竞争力报告》。

从中南半岛五国的对比中不难看出，柬埔寨的基建情况不容乐观。一方面，柬埔寨交通基础设施建设远不能满足经济发展的需要，公路、港口、航空等基础设施均在过去几年中呈现恶化趋势。当下，柬埔寨的基建状况已成为制约当地经济发展的主要因素。落后的基础设施不仅阻碍了农业和旅游业的进一步发展，也使得柬埔寨在工业化的道路上举步维艰。

（三）不均衡的产业发展路径阻碍经济转型升级

柬埔寨在产业结构、资本运行等方面存在较多问题。首先，当前的发展严重依赖于外资。低储蓄率和捉襟见肘的政府财政使得国内资本投资不足，占据资本投资绝大比例的外资倾向于流入“最火热”的经济部门，导致政府无力推出独立的产业政策。在 200 多家成衣工厂中，仅有 18 家为柬埔寨当地人所有。

从产业链的角度看，柬埔寨国民经济各部门构成结构严重不合理，制造业相对孱弱，出口产品中非服装和鞋类产品极其有限。此外，柬埔寨的主要产品附加值低，导致产品服务可替代性较高，易遭受国际市场供求关系变化和劳动力成本变动的影响。因此，柬埔寨经济运行生态依然相当脆弱。

（四）高度开放的金融体系为国家发展带来宏观风险

柬埔寨是世界上“美元化”程度最高的国家之一。[①] 如图 3，当前美

---

① Dongchul, C. and Changyong, R., “Impacts of Quantitative Easing on Asia: Capital Flows and Financial Markets”, *Asian Development Bank Working Paper Series*, No. 350, 2013.

元在柬埔寨金融体系中流动性占比已超过80%。[①]

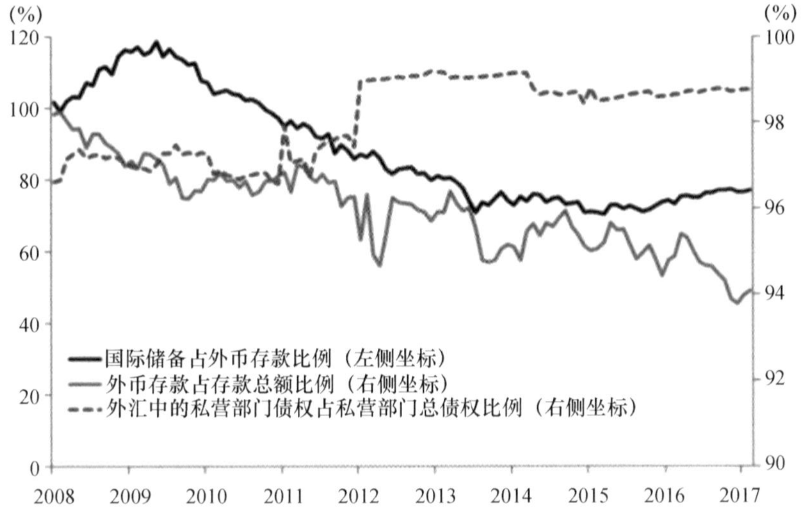

图3　2008—2017年柬埔寨美元化程度（百分比衡量）

资料来源：IMF年度国别报告（柬埔寨）。

随着柬埔寨经济的快速发展，过度美元化的问题日益凸显。首先，柬埔寨政府损失大量铸币税，无法获得发行货币所产生的收益；其次，使用美元进行贸易结算所带来的好处正在逐渐减少。[②] 当前国际政治经济形势下，突发事件（如英国脱欧）带来的美元强势会严重削弱柬埔寨的竞争优势；最后，高度的美元化削弱了柬埔寨应对经济波动的能力，给货币政策实施造成压力，因而柬埔寨金融系统在国际金融危机的冲击面前面临很大风险。

（五）在"全球化"浪潮冲击下，柬埔寨政治经济政策面临重大挑战

从总体内部政治局势来看，柬埔寨民主制度运行较为平稳。过去六年

① Morgan, Peter J., "Impact of US Quantitative Easing Policy on Emerging Asia", *Asian Development Bank Working Paper Series*, No. 321, 2011.

② Jayant, M., "Cambodia's Persistent Dollarization: Causes and Policy Options", *Asian Development Bank Working Paper Series on Regional Economic Integration*, 2008.

间，无论政局如何变化，柬埔寨经济增长率都维持在7%左右。历经三次大选，柬埔寨政治斗争的方式和手段已趋于理性。未来柬埔寨经济若要保持中高速发展，还需要稳定的政局来保驾护航，为其下一个十年工业发展计划奠定良好的环境基础。

从全球局势来看，全球化既通过资金、技术、人口流动方面的支持为成衣业、建筑业、旅游业等发展提供机遇，也给基础设施建设、人才培养、产业结构等发展领域带来更多全新挑战。① 柬埔寨如何迎接全球化带来的机遇和挑战，实现国内发展与国际合作的目标，将成为该国未来数年内的重要议题。

二 “一带一路”助力柬埔寨发展转型升级

（一）旅游业发展推动两国民心水乳交融

随着“一带一路”倡议的全面展开，柬埔寨旅游业赢得了宝贵的发展契机，数量庞大、消费需求旺盛的中国游客为柬埔寨经济带来了新的增长点。在“一带一路”倡议推动下，中国各大航空公司不断开通赴柬新航线增强旅客运力。2016年柬埔寨政府相应地发布《2016—2020年吸引中国游客战略》及《中国准备》（ChinaReady）白皮书，用以指导本国旅游业增强接待中国游客的能力，力争要在2020年吸引200万中国游客。2017年，中国正式成为柬埔寨最大国际客源地。2018年上半年，柬埔寨共接待93万人次中国游客，同比增长75.8%，占外国游客总人次的31%。

旅游业的蓬勃发展极大地促进了中柬两国民心相通。中国游客的大量涌入使得中文导游供不应求，越来越多的柬埔寨青少年开始学习中文。在吴哥窟所在的暹粒市，中餐厅如雨后春笋般出现，不仅满足了游客的饮食需求，而且对于传播中国的餐饮文化也具有非同寻常的意义。

（二）基础设施投资为柬埔寨注入新增长理念

由于历经多年的战乱，柬埔寨在基础设施建设领域存在较大短板，资

① 朱丹凤：《柬埔寨在全球化背景下的机遇与挑战》，《思想战线》2011年第12期，第8—9页。

金严重不足。落后的基础设施现状使得柬埔寨对于参与"一带一路"建设有着格外的兴趣。近年来，中柬两国围绕基础设施领域展开了广泛合作，成就斐然：中柬已合作建设了约2000公里的道路、7座跨河大桥和金边港新集装箱码头，中国银行等多家银行为桑塞河下游水电站、柬埔寨石化公司炼油厂等新项目提供融资服务。可以预见，未来数年内两国在农田水利、交通通信、能源运输等基础设施领域具有强烈的合作意向与广阔的合作空间。

（三）产能合作助力柬埔寨经济结构升级

解决柬埔寨经济结构问题的关键是实现本国产业的转型升级，恰好中柬两国在产能合作领域高度互补，相得益彰。近年来，中国会同柬埔寨举办了多场产能合作交流活动，一批中柬重点产能合作项目取得明显进展。2017年，两国在南宁和金边联合举办了中国—柬埔寨产能与投资合作论坛和澜沧江—湄公河国家经济技术展览会，双方在塑造政府间机制、扩展合作领域、对接产业战略、深化经验分享上达成广泛共识。与此同时，中国的"一带一路"倡议与柬埔寨"2015—2025工业发展计划"相得益彰，在产能合作领域为双方开启互利共赢的经济新蓝海。

（四）人民币国际化为柬埔寨提供多元流动性

随着经济的快速发展，为了提高风险抵抗能力和自身效益，柬埔寨央行迫切地想要实现"去美元化"，进而实现金融体系的革新。这无疑为人民币走进柬埔寨提供了良好的契机。

2016年，人民币正式加入国际货币基金组织（IMF）的SDR货币篮子，标志着人民币正式成为全球五大储备货币之一，为各国央行持有人民币作为外汇储备货币提供了客观条件。随着"一带一路"倡议的全面展开，相当一部分投资将会以人民币形式进行，中国政府也尝试鼓励相关企业在贸易结算时使用人民币。而柬埔寨政府也已公布相关计划，鼓励旅游行业从业者接受人民币支付以吸引中国游客。2017年9月，人民币对瑞尔（柬埔寨本币）银行间市场区域交易正式启动，这无疑对增强两国经济金融联系、推动“一带一路”金融领域建设有着超乎寻常的意义。[①]

（五）政治互信带动政策战略的高频互动

中国和柬埔寨的友好关系源远流长。20世纪50年代，毛泽东主席、周恩来总理便同西哈努克国王建立起了珍贵情谊。自万隆会议以来，不论地区形势如何动荡、国内政治怎样更迭，中柬两国关系始终在传承中稳步前进。

习近平主席上任以来，中柬关系呈现出更加良好的发展势头。两国高层互访频繁，双边政策交流日益增多，战略合作全面展开。2017年3月，在会见到访的柬埔寨国王西哈莫尼和太后莫尼列时，习近平强调中柬两国要“保持高层接触势头，深化互利务实合作，加强发展战略对接，加强多边事务协调”[②]，为维护地区稳定和中国—东盟合作大局做出贡献。2019年1月21日，习近平在北京钓鱼台国宾馆会见柬埔寨首相洪森，并强调两国要“保持高层往来，加强治国理政经验交流，加快‘一带一路’倡议同柬埔寨发展战略对接”[③]。

“一带一路”倡议提出“政策沟通”。一方面，战略层次的互动有助于深化两国在地区热点议题领域的合作，为维护区域和平与发展大局提供助力；另一方面，政策交流与对接可以帮助柬埔寨在国内发展议题上获取“中国经验”，用以指导解决经济、民生等人民群众最为关切的社会问题。

三　正视与把控中柬“一带一路”合作所面临的风险

当前，中国和柬埔寨在“一带一路”框架下已经取得了丰硕的合作成果。但与此同时，中柬合作也面临着诸多不容忽视的风险，对这些风险的分析、评估与把控对于深化中柬“一带一路”合作具有至关重要的

① 罗晓霜：《人民币加入SDR开启海外资产配置新时代》，《商业现代化》2016年第12期，第232—233页。

② 《习近平会见柬埔寨国王西哈莫尼和太后莫尼列》，《人民日报》（海外版）2017年3月7日。

③ 《习近平会见柬埔寨首相洪森：加快“一带一路”倡议同柬发展战略对接》，新华网，2019年1月21日，http：//www. xinhuanet. com//politics/leaders/2019－01/21/c_ 1124022147. htm，登录时间：2019年4月17日。

意义。

（一）变动中的政治秩序为柬埔寨经济前景带来不确定性

2017 年柬埔寨洪森政府解散了国内最大反对党救国党，2018 年 7 月柬埔寨将进行第六届国会选举，中柬关系和在柬投资可能受到柬埔寨国内政治斗争影响，需要相关部门、机构、企业保持密切关注。

（二）持续恶化的财政状况导致柬埔寨发展面临"债务悬崖"

自 2016 年开始，柬埔寨政府的财政赤字始终保持在高位。根据柬埔寨内阁于 2018 年 10 月通过的《2019 年度财政预算法》草案，2019 年财政预算增至 67 亿美元，占 GDP 的 24.72%，较 2018 年增长 11.4%，财政赤字为 15 亿美元，即 22.39%，财政赤字居高不下。[①]

柬埔寨政府税收仅能满足经常性开支，教育、卫生等民生领域发展严重依赖外国援助或优惠贷款，较高的财政赤字削弱了该国发展的独立性与可持续性。另外，财政汲取能力不足的问题使得柬埔寨政府在推动社会经济发展上"心有余力不足"。日本是柬埔寨最大的外援国，美国是其成衣业最大的出口国和外汇来源国，马来西亚、新加坡、泰国等东盟国家是柬埔寨重要的外资来源国，一旦这些国家经济不景气或者投资方向改变，柬埔寨的外资、外援及外贸出口将受到严重影响。

（三）防控柬埔寨宏观金融领域的"黑天鹅"与"灰犀牛"

经济的高速发展与通信技术快速发展改变了柬埔寨人的消费方式，网购与小额贷款现象非常普遍。据柬埔寨国家银行报告，截至 2017 年 12 月，银行贷款总额同比增长 20.4%，增至 199.77 亿美元，约占 GDP 的 90%，高于存款总额所占比重。据柬埔寨小额信贷机构协会的数据报告，截至 2018 年 3 月底，该协会会员机构共贷款 46.2 亿美元，比 2017 年 3 月底的

① 《财经部：2019 年国家财政赤字将为 22%》，《高棉日报》2019 年 1 月 16 日。

33.2 亿美元增长了 39.16%。银行体系信贷的迅速扩张使得金融风险居于高位。

此外，柬埔寨金融体系还面临着一系列外部风险。柬埔寨的银行系统非常依赖外资，全球金融大环境变化会加剧柬埔寨金融体系的融资成本及资金流动风险。而且由于人民收入普遍以瑞尔计，借贷以美元计，二者的汇率影响发贷机构的营收状况，进而削弱了金融机构对于风险的抵抗能力。

（四）推进中柬“一带一路”合作应注重软实力建设

伴随着中国经济的进一步发展，中国资本对外输出的步伐进一步加快，其在全球资本中的位置也将进一步上升。[①]

近年来，中国企业“走出去”面临较大挑战，部分项目出现搁置受阻局面，部分企业需要对自身声誉状况进行反思。企业是共建“一带一路”的中坚力量，中国企业大规模“走出去”的同时，也应理性思考，避免盲目，把握好经济效益与社会责任的关系，促进投资项目本土化，提高中国在周边国家的美誉度。这将是决定未来成败的关键。

四　将柬埔寨树立为“一带一路”国际合作新样板

（一）推动政治互信，加强政策沟通与战略对接

目前，柬埔寨正在推进旨在通过有效的管理和深入改革，促进柬经济增长、解决民众就业、保障社会平等公正的“四角战略”。[②]

在经济方面，“四角战略”重点关注提高农业生产、发展私人经济和增加就业、恢复和重建基础设施、培训人才和发展人力资源。可见，“一带一路”倡议与柬埔寨的发展战略高度契合，双方在经贸合作、互联互通、能源资源等方面都有较大的合作空间。

---

① 杨龙：《中国资本在柬埔寨》，《文化纵横》2014 年第 4 期，第 80 页。

② 《柬埔寨王国政府的〈四角战略〉》，中华人民共和国驻柬埔寨王国大使馆经济商务参赞处，2004 年 12 月 13 日，http：//cb.mofcom.gov.cn/aarticle/ddgk/zwminzu/200412/20041200318821.html，登录时间：2018 年 4 月 13 日。

积极推动"四角战略"和"一带一路"的战略对接，积极利用多层次、多渠道的协商和沟通渠道，充分发挥中柬政府间协调委员会作用，加强中央政府、地方政府、企业乃至非政府组织的协调沟通机制，对"一带一路"建设中的具体问题进行深入沟通。[①]

（二）打造"一带一路"产能、经贸、金融合作亮点

加快中柬合作园区建设，推动中柬产能合作，助力"一带一路"建设。根据中国商务部投资促进事务局的数据，"一带一路"沿线园区的建设中，柬埔寨境内已有5个经济特区在打造中，1个经济特区通过审核。在园区建设过程中，中国企业并非单打独斗，而是和柬埔寨联合开发，优势互补实现中柬企业共赢。中国政府按照国际通行规则，为企业到境外建设投资平台创造条件、提供支持，给予国别引导和产业指导。另外，园区的发展还将带动周边经济发展，将发展成果惠及当地百姓，深入贯彻了合作共赢的发展理念。中柬合作园区的建设加快了两国在产能领域的合作。

加强中柬金融合作，推动人民币国际化进程。2017年前11个月，中柬双边贸易额达52.7亿美元，人民币结算金额稳步扩大，同比增长2.6%，为人民币在柬国际化带来了发展机遇。[②] 中柬两国应深化金融领域的合作，促进人民币在柬埔寨的流通，以提高效率、降低成本和规避风险，同时鼓励更多中国游客在柬消费，为柬埔寨提供多元流动性。国家应鼓励当地的中资企业以及上下游企业间经贸以人民币进行计价。进一步推动完善人民币与柬币的挂牌交易，完善柬币的定价机制，以实现人民币作为交易媒介的职能。

（三）促进民心相通，加强智库外交等人文交流机制建设

通过挖掘两国旅游投资与合作潜力推动两国民间交流。旅游在带动经济发展的同时能够促进区域文化交流和融合，双方应该不断提高

---

① 王文：《"一带一路"当注重虚实结合》，《人民日报》2015年2月14日。

② 《迎建交60周年，中柬经贸合作再铺新路》，中国新闻网，2018年1月10日，http://www.gov.cn/xinwen/2018-01/10/content_5255750.htm，登录时间：2018年4月20日。

签证便利水平，吸引柬方游客来华，提升中方游客赴柬便利性，使两国民众在相互往来中深入了解、增强认同、深化情谊，促进民心相通。

以大众文化为载体，讲好柬埔寨故事。近年来很多东南亚国家以大众文化的形式对外输出软实力，如果中国可以重新审视柬埔寨文化和柬埔寨故事的价值，通过鼓励相关企业投资以柬埔寨为主题的电影、地理纪录片，引进柬埔寨优秀的文艺作品，以大众文化的形式来深化中国广大民众对柬埔寨的认知，那么一定可以事半功倍，顺水乘舟地达到“国之交在于民相亲”的效果。

智库交流合作平台可以充分发挥智库的社会影响力和对外传播的优势。[①] 一方面，加强两国智库的深入合作与交流，了解和解读彼此政策需求，传递政策信息，消除柬方政策疑惑，从智库层面拉动政策沟通。[②] 另一方面，发挥智库巨大的社会影响力，通过智库合作成果发布帮助本国企业、社会组织和公众了解中国政府的政策，凝聚共识。

（四）描绘未来发展蓝图，构建中柬命运共同体

在东盟国家当中，柬埔寨的经济发展水平相对落后，与其他国家发展差距较大。中国与柬埔寨虽然国情差异大，经济社会发展状况不尽相同，但是中柬可以通过“一带一路”的发展纽带，发挥两国政治互信、经济互补、民心互通的优势，打造互利共赢、相互依存的“发展命运共同体”，最终结成守望相助的中柬命运共同体发展，更好造福中柬两国人民。

构建中柬命运共同体，将为柬埔寨的经济发展注入新动力，缩小东南亚国家之间的发展差距。同时，中柬的合作也将更加积极展现中国的合作共赢发展理念，带动更多的国家参与到“一带一路”建设中来。推动中柬命运共同体，也将为打造中国—东盟命运共同体、亚洲命运共同体乃至人类命运共同体发挥典范作用。

---

① 王文：《对中国特色新型智库几个重大问题的思考》，《智库理论与实践》2016 年第 1 期，第 24—29 页。

② 王文：《伐谋》，人民出版社 2016 年版。

Cambodia as a New Model for the Belt and Road International Cooperation: a Field Research Report on Cambodian Economy and Future Development

Wang Wen　Liu Dian

Abstract Cambodia is an important cooperation partner for China in building the "Belt and Road" . With the rapid development of Cambodia's economy and the steady advancement of China-Cambodia cooperation in recent years, the "Belt and Road Initiative" has injected tremendous impetus into Cambodia's development and transformation, and cooperation in various fields between China and Cambodia has also achieved fruitful results. Looking into the future, it is necessary for China to envisage and control risks in China-Cambodia cooperation, intensify cooperation, innovate on cooperation mode and deepen cooperation areas so as to make it a new model for international cooperation within the Belt and Road framework.

Key Words Belt and Road Initiative; Cambodia; China-Cambodia Relationship; International Cooperation

Authors Wang Wen, Executive Director of Chongyang Institute for Financial Studies (RUC), Vice President and Professor of Silk Road School at Renmin University of China, Consultant Fellow at Counselors' Office of the State Council of China; Liu Dian, Assistant Research Fellow of Chongyang Institute for Financial Studies, Renmin University of China.

推进“一带一路”建设　深化中老务实合作

杨卓娟

【摘要】依托“一带一路”倡议，中老关系取得重大飞跃，设施联通不断加强，经贸合作不断提升，文化上广泛交融，合作领域宽泛、合作形式多元。在“一带一路”倡议的引领下，中老务实合作大步推进的同时也存在投资结构不合理，融资难度大；营商环境不理想，投资风险大；宣传不到位以及投资引发的拆迁征地补偿、人员安置、环境保护和本土劳动力使用等问题。要化解合作中的问题，深化中老合作关系，既要从宏观上进行总体协调和引领，也要从微观上进行规划与推动。

【关键词】“一带一路”　中老关系　务实合作

【基金项目】广西教育厅中青年教师能力提升项目“澜湄利益共同体建设模式、路径与政策研究”。

【作者简介】杨卓娟，广西大学中国—东盟研究院，助理研究员。

依托“一带一路”倡议，中老关系取得重大飞跃，中老务实合作进入快速发展时期，双方在政治上相互信任，经济上合作全面，民间关系和友谊深厚，显示出两国间巨大的合作潜力。中国先后成为老挝第一大援助国、第一大投资来源国和第二大贸易国，老挝是中国在“一带一路”沿线的重要合作伙伴和澜湄合作的重点国家，在共建“一带一路”倡议的进程中，老挝始终走在前列，既积极支持又全面参与。

一　“一带一路”倡议下深化中老务实合作的战略需求与对接

自2013年习总书记提出“一带一路”倡议以来，在“一带一路”相关国家中，老挝位列吸引中国直接投资最多的国家之列。2017年中国共产党的“十九大”之后，国家主席习近平首次外访就选择老挝，体现了对中老关系的高度重视。访问期间，习总书记称老挝是中国的铁杆朋友，中老关系堪称中国同周边国家睦邻友好、全面合作的典范，是真正的“好邻居、好朋友、好同志、好伙伴”。伴随中老关系的深入发展，依托“一带一路”倡议，中老战略需求与对接日益加强。中国提出的“一带一路”倡议同老挝“变陆锁国为陆联国”战略和国民社会发展规划高度契合，与老挝产业发展需求一致，经济互补性高。

（一）“一带一路”倡议与老挝“变陆锁国为陆联国”的战略需求相契合

老挝是东南亚唯一的内陆国，交通基础设施建设落后一直是制约老挝经济社会发展的最大瓶颈，老挝全国上下都在呼吁改善落后的交通基础设施现状。在2013年中国提出的“一带一路”倡议中，基础设施联通是基础。受中国“一带一路”倡议中“互联互通”的启发，老挝提出了“变陆锁国为陆联国”的战略设想。2014年10月，老挝政府召开会议讨论国内道路发展状况及未来规划，在会上披露了大规模升级国内道路基础设施的一项长期计划，将老挝从“陆锁国”打造成为“陆联国”，适应东盟一体化要求。

（二）“一带一路”倡议与老挝国民社会发展规划相契合

2016年4月，老挝第八届国民议会第一次会议审议通过了第八个五年（2016—2020年）社会经济发展计划，以及未来十年（2016—2025年）远景规划及2030年愿景等。根据规划，发展经济是核心任务（力争确保全年经济增速不低于7.5%），脱贫是主要目标（争取2020年摆脱最不发达国家地位）。在高负债以及本身经济发展相对乏力的前提下，为实现国民社会发展规划目标，老挝亟须引进资金、技术和项目。中国是世界第二大经济体，拥有强大的经济基础、资金、技术和发展经验，是世界上高速铁路、电信和水电开发技术以及重型机械等高端技术的主要开发商之一。依托自身资金和技术优势，“一带一路”倡议鼓励中资企业“走出去”。老挝位于中国—中南半岛经济走廊覆盖范围之内，是“澜湄合作”的重点国家。在“一带一路”倡议的推动下，中老联合投资既为老挝带来了技术和项目，也为老挝发展基础设施进行资金融资提供了较广阔的平台，符合老挝的国民社会经济发展需要。

（三）“一带一路”倡议与老挝产业发展需求导向一致，经济互补性高

中老两国经济互补性明显，老挝经济快速发展，正处在推进工业化、现代化进程的关键阶段，在这方面中国有与老挝需求相匹配的经验。中国对老挝的投资也主要秉持“老挝最需要什么，我们就引进什么产业”的理念。老挝在能矿、水电、农业、旅游业以及基础设施建设等领域投资潜力巨大，这些也是老挝经济发展的重要依托。中国在资金、技术、设备等方面拥有丰富的经验和优势，是老挝第一大投资来源国和第一大援助国，在这些领域对老挝的援助和投资力度都在持续增加，投资也主要集中在矿业、水电、农业和服务业等领域。就贸易而言，老挝的农林矿等资源型产品比较丰富，而在机械、电子、化工等技术含量高的产品方面竞争力弱，中国主要从老挝进口铜、木材、农产品等，向老挝出口汽车零部件、纺织品、钢材、电线电缆、通信设备、电器电子产品等。老挝北部琅南塔省与中国企业签订橡胶种植合同被亚洲开发银行认定为一个很好的跨境互补的例子。亚洲开发银行认为这种安排利用了边境一侧较低的劳动力成本和可用土地，以及另一侧更先进的创业精神和技术，以及更多的资本和管理技能。①

① Barend Frielink and Shunsuke Bando, “Increasing Benefits through Economic Corridor Development in the Lao People’s Democratic Republic”, *ADB Southeast Asia Working Paper Series*, No. 17. 2018.

二　合作的成就与存在的主要问题

（一）合作取得的初步成效

中国提出“一带一路”倡议后，注重加强与老挝政策和国家发展战略对接，初步推动产生了几项重大成就：

一是设施联通不断加强。设施联通不断加强主要体现在中老铁路项目稳步推进，基建合作获新发展。中老铁路是中国“一带一路”倡议在老挝落地发展的旗舰项目，该铁路北端与中国境内的玉溪至磨憨铁路对接，南端与泰国的廊开至曼谷铁路相连，共同构成中老泰国际铁路大通道，预计2021年12月31日建成。

2010年10月4日，原中国铁道部与老挝公共工程与运输部在北京签署了《关于铁路合作的谅解备忘录》和《关于深化落实合作备忘录的会谈纪要》，确定了中老铁路项目。2010年12月23日，老挝第六届国会第十次会议批准了中老铁路计划。2015年11月13日，中老铁路合作签字仪式在北京举行，两国政府签署了政府间铁路合作协定，中老铁路项目正式进入实施阶段。2016年，中老铁路被列为老挝第八个“五年计划”的优先项目，同年12月25日，中老铁路项目全线开工仪式在老挝琅勃拉邦省举行，中老铁路项目进入全新的发展阶段。到2017年，中老铁路合作企业分别于3月和4月在琅南塔省段和乌多姆塞省段开启隧道挖掘工作，标志着中老铁路建设工作真正起航。截至2017年底，中老铁路已累计完成总投资的20.3%。[①]

与中国铁路轨距相同的中老铁路一旦建成，将极大地便捷中老贸易交通，大大降低运输成本和时间，乘客也只需3小时便可从中老边境直达万象，而不再需要花16小时乘汽车。中老铁路使老挝30年前将老挝与周边国家连接起来的国家发展计划有了实现的可能。中老铁路作为泛亚铁路贯穿中南半岛的关键一段，不仅是连接中国和老挝的交通运输通道，还是连接中国和东南亚各国铁路网建设的起点，将推动中国与所有东南亚国家连

① 《中老铁路项目稳步推进》，中华人民共和国驻老挝人民民主共和国大使馆经济商务参赞处，2018年2月7日，http://la.mofcom.gov.cn/article/zxhz/201802/20180202709645.shtml，登录时间：2018年5月4日。

接，对区域合作和东南亚融合具有重大历史和战略意义，有利于加快地区贸易、服务、金融、投资等多方面的合作。

2017年中老基建合作再获新进展，在中老两国元首见证下，由云南建投集团投资建设运营的老挝万象至万荣高速公路项目（简称“万万高速公路”）签署合资协议，万万高速公路是老挝首都万象至磨丁口岸高速公路的第一段，向北对接中国磨憨口岸，顺接中国国家高速公路网G8511昆明至磨憨高速公路；向南通过老泰友谊大桥，顺接泰国廊开地区的高速公路网，是亚洲公路网AH12和昆曼国际大通道的重要组成部分。[①]

二是经贸合作不断提升。多年来，中国和老挝经贸合作日益加强，中国对老挝投资及贸易往来发展迅速。贸易方面，据中国海关统计，2017年中老双边贸易额为30.2亿美元，同比增长28.6%，增幅在东盟国家中位居第二。[②] 投资方面，中国是老挝最大的外资来源国。2017年，中国对老挝非金融类直接投资流量达13.8亿美元，同比增长139.1%，增长率在东盟国家中位居第一。[③] 截至2017年底，中国在老挝的投资涵盖多个领域，投资项目达765个，总价值70亿美元，涉及矿产、水电、农业和服务业等在内的14个行业。[④] 工程承包方面，老挝尽管只是一个GDP总量为100多亿美元的经济体，但截至2017年7月，中国企业在老累计签订承包工程合同额达285.5亿美元，完成营业额175.7亿美元。其中，2017年1—7月新签工程承包合同额为6.8亿美元，下降64.4%，完成营业额16亿美元，增长31.4%。[⑤]

---

① 《老挝万象至万荣高速公路项目成功落地，标志着云南建投集团在走向国际化的征程中再次迈出新的坚实步伐》，中华人民共和国商务部，2017年11月29日，http://www.mofcom.gov.cn/article/resume/n/201711/20171102677727.shtml，登录时间：2018年5月4日。

② 《中老双边贸易额增幅位居东盟第二》，中华人民共和国驻老挝人民民主共和国大使馆经济商务参赞处，2018年2月1日，http://la.mofcom.gov.cn/article/zxhz/201802/20180202707109.shtml，登录时间：2018年5月4日。

③ 《我对老挝投资增长率在东盟国家中位居首位》，中华人民共和国驻老挝人民民主共和国大使馆经济商务参赞处，2018年2月1日，http://la.mofcom.gov.cn/article/zxhz/201802/20180202707070.shtml，登录时间：2018年5月4日。

④ “China attaches great importance to relations with Laos”, *Vientiane Times*, November 8, 2017, http://www.vientianetimes.org.la/sub-new/Previous_261/FreeContent/FreeConten_Chinaattaches.html，登录时间：2018年5月4日。

⑤ 《中国老挝经贸合作简况》，中华人民共和国商务部，2017年9月27日，http://yzs.mofcom.gov.cn/article/t/201709/20170902651399.shtml，登录时间：2018年5月4日。

从具体领域来看，首先能源矿产领域的合作获得深入发展。到2018年2月，在老挝已有9座中方投资建设的水电站项目开始商业运营，另有10个项目正在建设中，中方还在230KV和500KV输变电线路领域建设8个项目。在矿产领域，中国公司投资的52个项目已进入开采实施阶段，还有20个项目正在进行可行性研究。[①] 其次，老挝与中国农业合作进一步加强。老挝在中国市场上获得农产品市场准入的机会增多，老挝大米、咖啡、香蕉等农产品陆续进入中国市场。尤其是2016年，湖南炫烨生态农业发展公司把老挝大米成功引进到中国，老挝大米从此正式进入中国市场，改写了老挝批量出口大米至中国为零的历史（此前只是边贸小量进口）。2016年老挝实现向中国出口大米7200吨，到2017年，仅上半年，老挝就向中国出口大米5000吨。用了1年多的时间，老挝大米不仅成功走入中国市场，还实现出口增长。最后，旅游合作成为中老经济合作的新热点。在双方签署《中华人民共和国国家旅游局和老挝人民民主共和国新闻、文化和旅游部关于旅游景区质量标准化建设合作的谅解备忘录》后，2017年，两国旅游部门合作开展了一系列旅游培训项目，取得了良好成果。随着旅游交流合作的不断深化，老挝已成为中国在东南亚地区的重要旅游目的地。2017年，老挝公民访华超过23万人次，同比增长176%；中国公民访老75万人次，增长58%。[②]

以经济特区和专区带动社会经济发展和促进就业是老挝政府推动的重点，自2002年建成首个经济特区以来，老挝已有12个经济特区。中国是老挝经济特区的最大投资者，在推动更多企业前往老挝经济特区和专区投资发挥了领导作用，参与投资建设的赛色塔综合开发区是老挝国家规划中重点发展的工业新区和万象未来的新城区，也是"一带一路"建设规划的早期收获项目，对促进老挝工业化进程、提升两国经贸合作水平发挥着重大作用。通过努力，园区建设已取得了较好的成绩，已经吸引来自中国、老挝、泰国、新加坡、马来西亚等多个国家和地区的45家企业入驻，入驻

① 《中老两国能矿领域合作前景广阔》，中华人民共和国驻老挝人民民主共和国大使馆经济商务参赞处，2018年2月5日，http://la.mofcom.gov.cn/article/zxhz/201802/20180202708590.shtml，登录时间：2018年5月4日。

② 《2017年中国公民赴老挝人次同比增近六成》，新华社新媒体，2018年2月3日，https://baijiahao.baidu.com/s?id=1591349723249473243&wfr=spider&for=pc，登录时间：2018年5月3日。

企业计划投资总额约5亿美元。[①] 中老磨憨—磨丁经济合作区是中国与老挝共同建立的经济合作区，是中老两国贯彻“长期稳定、睦邻友好、彼此信赖、全面合作”方针，共建“一带一路”对接老挝“变陆锁国为陆联国”战略的重要举措。在两国领导人的见证下，中老两国分别于2015年8月和2016年11月签署了《中国老挝磨憨—磨丁经济合作区建设共同总体方案》和《中国老挝磨憨—磨丁经济合作区共同发展总体规划（纲要）》[②]。作为“一带一路”建设的重要合作项目，磨丁经济特区致力于将特区打造为中老泰经济走廊的枢纽新城、老挝北方经济中心。为加快推动中老磨憨—磨丁经济合作区的发展，老挝磨丁经济特区积极推进各项基础设施、核心项目建设，国际商业金融中心、物流加工园区、景区及旅游度假区等项目全面投入施工，预计总投资约30亿元人民币。[③]

三是文化上广泛交融。中国十分重视与老挝在科教文卫等方面的交流与合作，中老通过多种方式进行科研、教育、文体、卫生等方面的合作，取得了长足的进步，加深了两国人民的了解与沟通。首先，华文教育在老挝不断增多，汉语教学热在老挝方兴未艾，中华优秀文化在老挝得到了广泛弘扬。万象孔子学院的短期中文语言培训供不应求，每期招生都爆满。老挝国立大学孔子学院、老挝苏州大学成为两国文化教育交流的新平台。在人员交流方面，中国已成为老挝学子出国深造的首选国家之一，老挝是获得中国政府奖学金数量最多的东盟国家之一，截至2017年，获得中国政府奖学金的在华老挝留学生已累计3416人。[④] 其次，中老通过媒体与影视文化等合作促进交流与沟通，推动“澜湄文化行”车队路演活动，启动“中国优秀电影走进老挝”电影配音比赛，广泛宣传中国文化。2017年“中国优秀电影走进老挝”巡映活动首映式在万象举行，巡映活动是两国间具有重要意义的文化交流活动之一，此次活动将进一步丰富两国人文交

① 《赛色塔，打造老挝园区开发的典范》，人民网，2018年5月29日，http://world.people.com.cn/n1/2018/0529/c1002-30021525.html，登录时间：2018年6月1日。

② 《中国老挝磨憨—磨丁经济合作区联合协调理事会第一次会议召开》，《老挝时报》，2018年5月17日，http://www.laoschina.com/newsinfo/220454.html，登录时间：2018年5月20日。

③ 《磨丁经济特区投资剧增 未来或成老挝北部经济中心》，云南网，2018年2月1日，https://ynmhjkq.xsbn.gov.cn/118.news.detail.dhtml?news_id=298，登录时间：2018年5月4日。

④ 《中国驻老挝大使：愿中老合作给老挝人民带来更多福祉》，凤凰网，2018年3月5日，http://news.ifeng.com/a/20180315/56768679_0.shtml，登录时间：2018年5月4日。

流的内涵。2018 年首部中老共同拍摄的电影《苦芭花开》上映，进一步加强了双方的文化合作。

四是合作领域宽泛、合作形式多元。在合作领域上，从 2016 年起，围绕“一带一路”倡议，两国签署了多份重要文件，涉及合作规划、经贸、产能、融资、教育等多个领域。仅 2017 年 11 月习总书记在访问老挝期间，就见证了两国在中老经济走廊建设、基础设施建设、数字丝绸之路、科技、农业、电力、人力资源、金融、水利等领域共 17 项协议的签署。在合作形式上，既有重点项目的推进、跨境合作区的设立，也有推动中老铁路沿线经济走廊的建设以及就融入澜湄合作次区域领域携手共同开展合作等。中老铁路建设顺利推进，中国为老挝研制的老挝一号通信卫星成功发射并进入运营管理阶段，一系列水电站以及输变电项目的建设和运营以及中老两国跨境经济合作区——磨憨—磨丁经济合作区和万象赛色塔综合开发区建设的稳步推进，都一次次将两国经贸合作推向新的高度。

（二）存在的问题

在“一带一路”倡议的引领下，中老务实合作大步推进的同时也产生了一些问题：

一是投资结构不合理，融资难度大。虽然中国是老挝第一大投资来源国，两国也签订了广泛的投资合作领域文件，但鉴于老挝自身经济薄弱，工业、农业以及服务业都还处于初级阶段，为推动经济社会发展，响应老挝国家战略，大部分投资都集中在关键的基础设施项目，而对直接事关民生的项目投入较少。投资基础设施项目具有资金需求大，工程建设条件复杂，建设周期长的特点，以一家银行为基础的单一融资渠道有时根本满足不了项目融资需求，使得融资瓶颈突出，存在融资难度。

二是对内、对外宣传不到位。对内表现为宣传不够。由于老挝信息相对闭塞，政治稳定，又是内陆小国，无论是有关老挝的研究还是宣传，与其他东南亚国家相比都相对稀少，国内能获取到有关老挝的资源和信息相对有限，绝大多数人对老挝还不熟知。虽然随着 2017 年习总书记访问老挝，以及 17 项协议得到签署，老挝已成为中国企业关注的热点国家，但能获取到的信息依然相对有限。对外表现为不善于讲好中国故事。中国在老挝的援助项目和投资项目都取得了比较好的经济和社会效应，但现实中老挝人民对此仍有不少负面看法，这与宣传不够、不到位，不善于讲好中国故事有关，没有把中国的援助项目和投资项目对当地经济社会发展的贡献讲清楚、讲透彻。老挝信息不发达，基层民众接触现代媒体的机会和渠道有限，企业作为中老合作最重要和最直接的参与者，与当地群众接触的机会最多，是最好的宣传者。但缺乏与媒体的沟通能力和意愿是中国在老挝投资企业普遍存在的一个问题。大部分在老挝投资的中国企业，还没有充分意识到与媒体沟通的重要性，即使意识到了，也缺少足够的沟通能力，不懂得如何开展公关。中老铁路作为中老“一带一路”合作的旗舰项目，2010 年就开始规划，于 2016 年全线开工，但仍有大量老挝普通民众尚不了解甚至知道该铁路。由于缺乏对外宣传意识，当地人和媒体对“一带一路”项目知之甚少。更有一些西方媒体指责中国企业只是到老挝攫取自然资源，社会责任淡薄，不懂得回报当地社会，指责中国的投资和援助给贫穷的老挝造成了三大风险，即增加了更多的不可持续的债务、延迟了老挝的治理改革以及过度推动无效益的资本项目扩散。

三是项目投资引发的拆迁征地补偿及人员安置问题。无论是农业、工业还是基础设施投资，都会涉及土地征收以及人员安置问题，尤其是大型项目，涉及的人员更多。而这一过程又是投资方跟当地政府以及民众联系最为紧密和接触最为频繁的过程，非常容易引起争议。老挝当地民间组织和政府人员中有一种观点认为中国企业在老挝的土地租赁和使用中存在不规范的行为。[①] 以中老铁路为例，2016 年底中老铁路已经全线开工，但补偿却还没较好地落实。虽然中资企业在老挝当地牵涉的土地使用纠纷并不严重，且原因多不在中方，但问题却是中方的投资引起的，成为影响中国投资形象的重要因素。

四是投资引发环境保护问题。中老“一带一路”倡议合作项目主要集中在能源资源、基础设施建设以及工程承包等领域的大型项目，投资这些项目，不仅要征用土地，还要使用大量的生产建设物资，这些物资的来源、材质、运输等都会给当地居民的生活和环境带来直接影响，如果处理不好，不仅会影响进程，更会影响民众对“一带一路”倡议的认同。[②] 曾在老挝开辟香蕉种植园的中国投资者，因大量使用化肥农药，对土壤、水

① 《中国与老挝发展合作的评估与展望》，上海国际问题研究院研究报告，2016 年 9 月。

② 杨卓娟：《“一带一路”倡议下投资老挝面临的非传统安全风险研究》，《中国—东盟研究》2017 年第三辑，第 125—142 页。

源等环境及蕉农的健康造成严重影响而被老挝政府于2016年下令禁止辟建新的香蕉园。

五是中资企业雇佣员工受老挝总体熟练劳动力不足限制，存在本土化困难的问题。一方面老挝只有690多万的人口，人口基数小，人口密度低造成劳动力市场有限。另一方面，老挝劳动力质量较差，熟练劳动力和技术工人严重缺乏。当地招募的一些员工会季节性流动，且许多人不熟悉工厂的工作和条件。虽然中资企业对老挝当地的劳动力需求较大，但在总体熟练劳动力不足的前提下，企业在雇员本土化的问题上面临挑战；虽然政府和智库认为中国企业创造的就业机会相当可观，但民间却认为中国企业多雇佣自己的工人，对增加当地就业岗位的贡献有限。

六是老挝营商环境不理想，投资风险较大。根据世界银行发布的《2018年营商环境报告》，在190个国家中，老挝总体营商环境排在第141位，排名靠后，其中信贷获取便利度排第77位，而在解决无力偿债问题方面则排第168位，债务收回率为0，表明风险极大。中国对老挝的投资主要以低息援助的形式展开，老挝近几年债务压力较大，财政收入不足，赤字及负债严重，老挝政府的高负债以及低外汇储备，增加了外部支付风险，提高了资金收回的难度。

三　"一带一路"框架下深化中老合作的政策建议

在"一带一路"倡议的引领下，中老合作已经取得了实质性进展，也为双方未来的合作提供了广阔的空间，但也存在不少问题，要化解合作中的问题，深化中老合作关系，既要从宏观上进行总体协调和引领，也要从微观上进行规划与推动。

（一）合作理念与原则：以"一带一路"精神为基本原则、以推动中老命运共同体的构建为目标指引

"一带一路"倡议倡导"开放、包容、互利和共赢"理念，秉持"共商、共建、共享"的合作精神。中老是理想信念相通、社会制度相同、发展道路相近的社会主义友邦，两国是志同道合的好邻居、好朋友、好同志、好伙伴，中老关系堪称中国同周边国家睦邻友好、全面合作的典范。

双方对于未来经济社会发展都有短期、中期及长期规划，基于彼此相同的理念和发展方向，中老双方可以通过“一带一路”倡议的平台，在推动互利、共赢合作的过程中，拓宽合作范围，夯实合作基础，厚植友好交往历史，形塑利益共同体、责任共同体，并进而形成休戚相关的命运共同体，依托“一带一路”倡议的平台，将中老合作打造成为命运共同体的示范。

（二）合作领域与层次：依托“澜湄合作机制”和中国—中南半岛经济走廊，结合老挝自身优势和需求，优先发展互联互通、产能合作、跨境经济合作、水资源合作、农业和减贫合作五大领域①

“澜湄合作机制”是在澜湄流域推动落实“一带一路”倡议的重要平台，中国—中南半岛经济走廊是中国与“一带一路”沿线国家规划建设的六大经济走廊之一。从地理位置上看，老挝位于澜湄流域的核心位置，穿越老挝是连接中国—中南半岛的最短陆路线路。中老合作要充分依托“澜湄合作机制”和中国—中南半岛经济走廊等“一带一路”区域发展平台，发挥老挝作为节点国家的作用，将合作拓广至整个中南半岛，并优先发展以下领域：

首先，加强基础设施建设是重中之重。基础设施建设是经济社会发展和促进经贸交易的基本物质保障，也是中国开展“一带一路”倡议的基础性优先领域。老挝工业化、城市化和市场化程度低，至今国内没有一条高速公路，没有一条铁路，网络费用高昂，严重制约外资进入，中小企业、各类产业尤其是矿产业、旅游业、物流业的发展；不利于跨境经济活动的开展。无论是路网、电网、互联网还是物联网，在老挝都处于最为初级的阶段，而这一切是加强与外界联系、发展现代经济的最基本需求。因而建好基础设施是第一步，也是发展最为核心的一步。

其次，跨境水资源和农业合作是支柱。农业方面，农业是老挝至关重要的领域，老挝 70% 的人口从事农业生产，解决农业问题，促进农业生产，有利于直接改善和提升普通大众的生活质量。中国是农业大国，也是

① 杨卓娟：《老挝在澜湄合作中的角色定位》，《亚太安全与海洋研究》2018 年第 2 期，第 100—110 页。

农业强国，既可以向老挝输出农业生产技术，也可以与老挝共同建立农业合作中心，建设优良农作物品种示范站、优质高产示范田等，帮助老挝提升农业发展水平。或者签署农产品贸易协定，使其享受更多出口中国的优惠待遇。水资源方面，老挝水力资源丰富，水电项目可以作为其经济发展的动力，老挝力求利用其丰富的水电资源到2020年摆脱中低收入国家地位，迈入中等收入国家行列。伴随老挝水电开发计划的推行，日本、韩国、泰国、柬埔寨、越南、印尼、世界银行等各利益体都竭力争取老挝的水电投资项目。中国有丰富的水电开发技术和经验，以及较广泛的融资渠道，因而可充分利用技术和资金优势推动两国水资源合作，助力老挝推动东盟能源互联互通的计划，实现互利共赢。

最后，减贫和设立跨境经济合作区是重要合作基础和补充。减贫被认为是一种国际责任，联合国的发展目标把减贫作为合作的一部分，改变了以往纯发展经济的共识，使合作上升到关注具体个人的高度。在老挝推动减贫合作，既体现了老挝国家发展战略需求，也践行了联合国可持续发展理念，同时还是落实中国以人为本理念的体现。跨境经济合作区是推进“一带一路”倡议和“澜湄合作”的重要平台和载体，借助老挝政府对于国内经济特区和专区的高度重视，中老两国在跨境经济合作方面依托老挝经济特区和专区的发展大有可为。

（三）推动策略与保障措施：坚持“老挝特色”，发挥老挝和区域优势，以金融为工具，注重民生工程和宣传

一是坚持“老挝特色”，充分发挥老挝自身优势，做好顶层设计和对接。正如“一带一路”建设不是另起炉灶、推倒重来，而是实现战略对接、优势互补。中老合作也要坚持“老挝特色”，充分考虑老挝现实，跟老挝本国政策实行对接，选取合作重点。中老合作同时还要注重发挥老挝政治稳定、民风淳朴、区域条件独特、投资成本低廉、资源储备丰富、经济持续高速发展、社会及投资环境宽松以及通过老挝可便捷地进入发达市场享有发达国家关税优惠等自身优势。

二是充分发挥区域优势，让中老合作融入区域整体合作中，做好与区域组织的对接。“一带一路”倡议的本质是将沿线国家建成一个相互联系的共同体，中老合作作为“一带一路”倡议中的一环，必须要融入区域整

体合作与发展，用区域发展带动中老合作，将中老合作与区域合作建成一个相互联系、相互影响的整体。

三是充分发挥金融杠杆作用，推动金融外交，提升投资和援助效果。作为世界上20个最需要援助的国家之一，老挝经济和社会发展对外援依赖严重，国际援助是老挝发展外部融资的主要来源。中国于2012年取代作为第一援助国长达20多年的日本，成为老挝第一大外援国，中国对老挝的援助成了中老双边关系中的重要一环。老挝的经济建设和社会发展所需资金具有金额大、周期长的特点，使得融资瓶颈突出。鉴于老挝高负债以及低外汇储备、金融市场不发达、征信体系弱等特点，仅仅依靠传统的援助和借贷方式难以满足老挝国家发展的资金需求。金融是现代经济和社会发展的核心力量，应充分发挥金融聚集资金的杠杆作用，创新金融援助和投资方式，通过优化金融机构设计，联合多家金融机构设计多级风险分担机制，使风险通过多样化的资产组合得以降低，推动商业利益、中国国家利益以及老挝国家利益三者实现整体利益均衡最大化，提高金融力量在中老合作中的效力和影响力，将金融力量作为中国实施对老援助和投资的重要支柱力量，甚至是主导力量，促进共同进步和发展。

四是重视民生工程，加强基层人文交流。贫穷是一切问题的根源，发展是摆脱贫穷的唯一办法。“一带一路”倡议下，顺应需求，响应老挝脱贫这一国家发展战略目标，中国可加大在民生领域尤其是农业领域对老挝的支持和援助力度。中国企业也可以加大在这些方面的投资，在盈利的前提下，投资农业加工业解决粮食生产消费问题，增加农民收入，让“一带一路”的实惠真正惠及普通大众，从而增加普通民众对“一带一路”倡议的认同。

在老挝各方面还处于初级阶段以及作为世界上最不发达国家之一的现实前提下，除了给予老挝资金，还要给予老挝人才和理念，通过教育、培训、派遣专家等提供合作渠道，建立发展合作空间。加大对老挝的教育援助不仅是为老挝发展提供人力资源，也是为中老关系的长远发展奠定最为坚实的民心基础。

此外，应积极推动民间组织走进老挝，深入基层。“一带一路”倡议在老挝实施面临的最大安全威胁是以自然灾害、贫穷、腐败、公共卫生安全、贩毒、跨国跨境犯罪等为主的非传统安全问题，人道主义援助已经成为中国民间组织“走出去”的重要尝试，推动民间组织走进老挝，积极参与事关普通大众的紧急人道主义援助、医疗卫生健康援助等，解决危害民众生命财产安全的问题，可增强民众认同感，夯实中老友好合作的社会基础。

五是加强对内对外宣传，既要提升中国在老挝的能见度和影响力，也要提升老挝在中国的能见度和影响力，推动民心相通。老挝是中南半岛上唯一的一个内陆国家，封闭的环境和交通不便，加之出入境的手续不够便利、宣传力度又远小于周边国家，致使这颗明珠一直被埋没。为推动更多中国人对老挝的了解和熟知，应在中国加大对老挝的宣传力度，推动中国人走进老挝；搭建有效的投资对接平台，将老挝介绍给中国企业，推动更多企业前往老挝投资兴业。

基于老挝信息不发达，基层民众接触现代媒体的机会和渠道有限这一事实，企业作为中老合作的最重要参与者和实施者，要注重发挥宣传作用，提升中国在老挝的能见度和影响力。一方面需要提升企业与当地媒体的沟通能力，推动企业主动加强宣传。限于媒体发展和记者采写水平，老挝媒体本身缺乏有深度的评论性报道，对于两国经贸合作也缺乏深度分析，中国企业可采取主动提供稿件加购买版面的方式在当地媒体进行宣传。另一方面需要引导企业融入当地社会，承担社会责任，熟知和遵守当地法律法规、风土人情，注重投资的可持续性和包容性，对投资给当地居民带来影响的问题，应找好渠道进行沟通并实施补偿，多关注当地人民，融入当地生活，多参与当地的社会事务，用实际行动讲好中国故事。

四　结论

自“一带一路”倡议实施以来，中国先后成为老挝第一大援助国、第一大投资来源国和第二大贸易国，为老挝的经济和社会发展做出了重要贡献。中老铁路、赛色塔综合开发区、老挝一号通信卫星地面站等中老重大合作项目为老挝社会经济发展带来了切实利益，两国设施联通不断加强，贸易投资不断提升，文化之花盛开，合作领域宽泛且合作形式多元，但也存在投资结构不合理、宣传不到位、用工来源受质疑、土地补偿和人员安置以及环境保护等问题。深化中老务实合作需要化解这些问题，根据两国领导人为两国关系做好的顶层设计，加强战略对接、实现互利共赢、弘扬传统友好、推动惠及基层民生项目的开展，携手打造中老具有战略意义的命运共同体。

Deepening Practical Cooperation between China and Laos under the Belt and Road Initiative

Yang Zhuojuan

Abstract Under the framework of the Belt and Road Initiative, the relationship between Laos and China has made great leaps forward. It lies in the facts of strengthened infrastructure connectivity, enhanced economic and trade cooperation, widely integrated cultural exchanges as well as broad cooperation areas and diverse cooperation forms. Besides the great strides achieved, the practical cooperation is also facing challenges of unreasonable investment structure and financing difficulty, poor business environment and high investment risk, lacking of publicity and problems caused by the investment, such as compensation for land expropriation, personnel resettlement, environmental protection and the use of local labor force, and etc. To resolve these problems in order to deepen China-Laos cooperation, it needs both overall coordination and guidance at the macro level and planning and implementation at the micro level.

Key Words Belt and Road Initiative; China-Laos Relationship; Practical Cooperation

Author Yang Zhuojuan, China-ASEAN Research Institute of Guangxi University, Assistant Research Fellow.

马来西亚"一带一路"差异化认同现状、风险及启示

张赛群*

【摘要】马来西亚"一带一路"差异化认同存在于不同界别、领域、群体和年份，主要分为关注程度的差异和认知态度的差异两个方面，前者主要与人们的需求、经历及宣传等有关，后者与马来西亚特殊的历史传统、政治生态、经济利益及民族心理等有关。这种差异化认同使"一带一路"在马推展存在政治、经济、种族等方面的风险，因此需要倾听各方声音，加大有效宣传和解释，理顺各方利益，最终化异为同，实现"一带一路"过程中的"民心相通"。

【关键词】"一带一路"　认同　差异化　马来西亚

【作者简介】张赛群，华侨大学政治与公共管理学院、政治发展与公共治理研究中心，教授、博士。

"一带一路"倡议既是中国的外交战略，也关乎中国经济的长远发展。然而，"一带一路"的顺利推进不仅仅是中国单方面的事情，还需要"一带一路"沿线各国的积极参与和配合，而这本质上又取决于各国对"一带一路"是否认同及其认同程度。

马来西亚地处东南亚战略要冲，是21世纪海上丝绸之路的重要节点国家。自2013年"一带一路"倡议提出以来，马来西亚的态度整体上趋于积极和正面，这也使得学界更为关注美国、印度等国对"一带一路"的反

* 原文发表于《国外社会科学》2018年第4期，本篇对原文做了补充和更新。

应，对马来西亚的研究成果[①]相对较少。然而，马来西亚国家内部对“一带一路”的认识是存在差异性的，这种差异性使得中马“一带一路”合作在取得较大成果的同时，也出现了质疑中马合作目的、指责中资发展方式以及中资收购遭遇“滑铁卢”等现象，对“一带一路”倡议在马来西亚乃至整个东盟地区的推广造成一定的影响。因此，有必要正视马来西亚国家内部对“一带一路”的认同差异，并最大限度地化解这种差异。已往的研究成果或关注某一群体的反应或整体上研究马来西亚积极响应背后的原因，对马来西亚各界于“一带一路”的回应及其差异性还缺乏系统分析，因此，本文欲对这种差异性及其原因、风险等进行初步分析，并为化解这种差异性提出自己的思考。

一　马来西亚“一带一路”差异化认同现状

2013 年中国“一带一路”倡议提出后，在马来西亚反响较大，马来人的态度整体上也趋于积极和正面。但细究起来，马来西亚对“一带一路”倡议的认识仍然存在着内部差异。这种差异具体表现在以下四个方面。

首先，不同界别的关注度和看法不同。对“一带一路”表现最为积极的是政界和商界。在政界，2018 年 5 月重新组阁前，马来西亚领袖包括总理、交通部长、旅游部长等多次明确表达对“一带一路”倡议的支持态度。如马来西亚前总理纳吉布不仅多次表示马来西亚必须抓住“一带一路”倡议的机遇实现自身发展。在出席 2017 年 5 月“一带一路”国际合作高峰论坛期间，纳吉布还发表题为“马来西亚为何支持中国的‘一带一路’倡议”的署名文章。同年年底，《马来西亚 2017—2018 年经济报告》公布，“一带一路”倡议将为马来西亚带来巨大商机被载入其中。即便是对纳吉布的对华政策有颇多指责的新任总理马哈蒂尔，2018 年 8 月访华时也明确表态：他对“一带一路”倡议态度积极，马来西亚依然欢迎中国企业和中国投资。马哈蒂尔的对华特使陈国伟同年 9 月也公开表示，“一带一路”倡议是一条共赢之路，马来西亚与中国可以携手谱写海上丝绸之路

① 饶兆斌：《经济高于地缘政治：马来西亚对 21 世纪海上丝绸之路的观点》，《南洋问题研究》2016 年第 4 期，第 53—66 页；骆立：《马来西亚华社对“一带一路”的回应——从〈星洲日报〉考察》，《文化软实力》2017 年第 4 期，第 91—96 页。

新篇章，共享“一带一路”成果。与此同时，中马两国已签署相关合作谅解备忘录。对于外界因一些中马合作项目搁浅进而形成的中马“一带一路”合作“遭遇滑铁卢”的评判，马来西亚政界人士仍公开表示，无论前任还是现任政府，马来西亚向来支持中国的“一带一路”倡议。

当然，政界也有一些不同的声音。这主要是在2018年5月政党轮替之前，由于“一带一路”倡议提出后，中马两国政府来往密切，特别是前任总理纳吉布在任期间，引起了部分反对党的抨击。抨击内容主要集中在以下几点：（1）中马两国基础建设合作项目是否涉及腐败，马执政当局是否从中获利？（2）在中马经济合作如此紧密的情况下，马来西亚能否维护其南海权益，甚或会出卖主权？① （3）指责中资涌入抢走了当地人的饭碗。（4）担心中国会增加“丝路”上的军事力量。如民主行动党的领袖刘镇东就质疑中国在皇京港的项目，担心马六甲皇京港会成为中国的军事基地。②

对马来西亚工商界而言，“一带一路”更像是一个纯粹的经济倡议，他们从中看到的是商机和市场。为此，中马企业界进行了多次“一带一路”倡议联合研讨，并主要对企业如何参与“一带一路”建设等话题展开探讨。2018年2月还在吉隆坡举办了中马中小企业合作对接会。马来西亚商界人士对“一带一路”倡议也多持肯定态度，2016年马来西亚“一带一路”总商会成立，旨在加强马来西亚与“一带一路”沿线国家尤其是与中国的合作。

马来西亚学界和智库总体上对“一带一路”倡议表示支持。如在马来西亚战略与国际研究所兼职的法立诺用“务实性的现实主义”来阐述他对新“丝路”精神的理解，认为新“丝路”立基于人民日常生活上的交往、互动和合作。同在该所任职的沙里曼认为“一带一路”倡议不仅是为了中

① Adrian Wong，“We fear for nation's sovereignty，not votes，MPs tell Salleh”，*malaysiakini*，November 8，2016，https：//www. malaysiakini. com/news/362039#ixzz4Q3fQ11RQ，登录时间：2018年5月14日；玛丽安：《大马成为中国最新一个省?》，当今大马，2016年11月1日，http：//www. malaysiakini. com/news/361175，登录时间：2018年5月14日；“DAP：Najib's dependence on China putting country at risk”，*Free Malaysia Today*，November 1，2016， https：//www. freemalaysiatoday. com/category/nation/2016/11/01/dap-najibs-dependence-on-china-putting-country-at-risk/，登录时间：2018年5月14日。

② 刘镇东：《皇京港将成为中国军事基地?》，当今大马，2015年12月17日，https：//www. malaysiakini. com/bulle-tin/323752，登录时间：2018年5月14日。

国，也是为了沿线国家。[①] 学者们还对马来西亚如何应对提出建议。如学者苏玛蒂·珀马尔认为，马来西亚应将其经济发展战略和政策协调好，并制订国际层面和地区层面的计划，促成与中国共同实施大型基础设施项目。[②] 当然，相比政商两界，学界的观点更为审慎，他们在关注“一带一路”倡议给马来西亚带来机遇的同时，也看到了其中的挑战，并提出了马来西亚如何从中受益的问题。[③] 一些学者还担心中国会增加在“21 世纪海丝之路”上的军事存在，进而对马来西亚的安全造成威胁；[④] 担心 21 世纪新“丝路”的成功会给东盟的凝聚力造成负面影响；[⑤] 以及担心中马两国投资贸易活动剧增后的法律摩擦问题，等等。

马来西亚媒体中最关注“一带一路”倡议的还是《星洲日报》《南洋商报》等华文媒体，马来媒体对“一带一路”倡议的报道和评论整体不多。媒体人士倾向于正面评价“一带一路”倡议，如著名时评人伽玛鲁丁认为，这一倡议不仅为马来西亚带来前所未有的发展机遇，而且还将为全球经济振兴带来新机遇。[⑥]

总之，“一带一路”倡议在政商两界反响最大。执政党和政府倾向于认同“一带一路”倡议于马来西亚的积极意义，反对党则因当局与中国走得太近，担心主权外泄及政府腐败等问题；学界多对“一带一路”倡议的

---

① Shahriman Lockman, “The 21st Century Maritime Silk Road and China-Malaysia Relations”, *I-SIS Focus*, April 21, 2015, https: //isis. org. my/wp-content/uploads/2015/04/attachments_presentations_ 2015 _ Shahriman _ 21stCMSRd _ China-Msia _ Relations _ CPIFA _ 14Apr2015. pdf，登录时间：2018 年 5 月 20 日。

② 《马来西亚学者：“一带一路”将使中马实现双赢》，《参考消息》网，2017 年 5 月 3 日，http://column. cankaoxiaoxi. com/2017/0503/1953846. shtml，登录时间：2018 年 5 月 20 日。

③ 《马研究员：“一带一路”对马来西亚的意义》，新浪网，2017 年 6 月 23 日，http: //finance. sina. com. cn/roll/2017 - 06 - 23/doc-ifyhmpew3162824. shtml，登录时间：2018 年 5 月 20 日。

④ 饶兆斌：《海上丝绸之路与中国—东盟安全关系初探》，中国评论通讯社，2016 年 2 月 24 日，http: //hk. crntt. com/crn-webapp/touch/detail. jsp? coluid = 92&kindid = 0&docid = 104099906，登录时间：2018 年 5 月 21 日。

⑤ Shahriman Lockman, “The 21st Century Maritime Silk Road and China-Malaysia Relations”, *I-SIS Focus*, April 21, 2015, https: //isis. org. my/wp-content/uploads/2015/04/attachments_presentations_ 2015 _ Shahriman _ 21stCMSRd _ China-Msia _ Relations _ CPIFA _ 14Apr2015. pdf，登录时间：2018 年 5 月 20 日。

⑥ 赵胜玉：《马高度评价习近平在“一带一路”国际合作高峰论坛上的演讲》，新浪网，2017 年 5 月 15 日，http: //news. sina. com. cn/o/2017 - 05 - 15/doc-ifyfecvz1440946. shtml，登录时间：2018 年 5 月 24 日。

积极意义予以肯定，但同时也对马来西亚如何应对及“一带一路”倡议的可能后果有所质疑；工商界更为关注“一带一路”倡议的经贸层面，也多从经济利益出发持肯定态度；华文媒体对“一带一路”倡议较为关注，但马来媒体对此缺乏足够兴趣。可见，不同界别对“一带一路”倡议的关注程度和关注重点不同，态度不一。

其次，对不同领域的认同度有异。“一带一路”倡议涉及经贸往来、政策沟通、民心相通等众多领域，整体而言，马来西亚国内对经贸往来更感兴趣，对民心相通的重要性则多持一致态度。以对“一带一路”倡议较为热心的华人社会（以下简称“华社”）为例，根据马来西亚学者骆立的观察，华人对中马经贸往来的回应最为集中，占68%，其余依次是文化交流（19.2%）、政治（11.7%）、学术（0.8%）等方面的问题。这在华社对“一带一路”倡议的重要实施途径（即“五通”）的回答上也得到了印证，超过一半的回应是关注贸易畅通，其次是民心相通和政策沟通。而从态度来看，华社对民心相通、贸易畅通和政策沟通持赞成（包括很赞成和赞成）态度的分别占96.1%、80.8%和57.8%。[①] 可见，马来西亚华社虽然很关注经贸层面，但更赞同文化层面。而相对于民心相通和贸易畅通，华社对政策沟通的认同度较低。再从质疑的内容来看，马来西亚华社更关注“一带一路”倡议的可行性和落实问题，在“五通”方面，对贸易畅通有疑问的占61.7%，对民心相通有疑问的占23.5%，对政策沟通有疑问的占11.6%。[②] 整体而言，马来西亚华社更关注贸易、文化和国家管理等方面可能出现的问题。

再次，不同年份的关注度和看法不同。整体上，在2017年5月“一带一路国际合作高峰论坛”之后，马来西亚各界对“一带一路”的关注度明显提升，这可能与这次会议的高规格及纳吉布的高调表态有关。同时，不同年份马来西亚民众对同一事物的态度也是不一样的。如中资在马来西亚受到争议主要是在2016年年底之后，之前较少发生。这主要是因为2016年之后，中资大举进军马来西亚房地产、铁路、港口等重要领域，引起马来西亚反对党的关注，并抨击纳吉布典当国家主权。尽管如此，在2018年5月马哈蒂尔执政之前，各项合作仍在持续进行，但在2018年马

① 骆立：《马来西亚华社对“一带一路”的回应——从〈星洲日报〉考察》，《文化软实力》2017年第4期，第91—96页。

② 同上。

哈蒂尔执政后，由于频繁叫停“一带一路”中资项目，各界对中马经济合作前景的担忧也有所增加。上述变化表明马来西亚国内对“一带一路”倡议的认识是动态的、发展的，也是愈益慎重的，人们在受益于“一带一路”倡议带来机遇的同时，也在思考和担心“一带一路”倡议可能带来的负面影响。

最后，不同族群的认知度和认同度不同。马来西亚是多元族群国家，不同族群对于“一带一路”倡议的认知度并不相同。目前，马来西亚华人对“一带一路”倡议更为关注，态度也更为积极。各界之中，华商表现得尤其突出，成立了多个旨在呼应“一带一路”倡议的团体，如2016年成立的大马“一带一路经济友好协会”“马中丝路商会”“马来西亚中国丝绸之路企业家协会”等，关注“一带一路”的方方面面。2015年马来西亚中国总商会出版了《一带一路：中国崛起与世界联通时代的马来西亚》一书，对“一带一路”中马合作框架进行了系统描绘。2017年，“一带一路经济友好协会”还拍摄了《“一带一路”一家人》大型专题片，是推进“民心相通”的工作。同样表现突出的还有华人政党——马华公会，马华公会近年来不仅主办了多次“一带一路”倡议研讨会，成立了“一带一路”中心，还于2016年12月与众多华人社团在吉隆坡共同签署《马来西亚华社“一带一路”宣言》。相比华社的热闹场面，至今马来社群的报章还将“一带一路”译成“Satu Jalur, Satu Laluan（China）”，将“一带一路”视为“中国”的“一带一路”。可见马来社会对“一带一路”倡议的认知还相当生疏和片面。[①]

在认同度方面，根据2016年马来西亚学者饶兆斌的调查结果，在问及中国崛起带来的影响时，给予正面回答最多的是华人，其次是马来人，只有约12%的印度人赞成这一看法。同时，华人也是最认同中国对马投资的，持“同意”和“非常同意”观点的占78.8%，是各族群中最高的。[②]这或许表明，文化或种族因素在“一带一路”倡议推广过程中仍然有一定的作用。

总之，马来西亚虽然整体上对“一带一路”倡议较为认同，行动也较

① 安焕然：《“一带一路”要留意的几件事》，星洲网，2016年10月2日，http://www.sinchew.com.my/node/1572903，登录时间：2018年5月24日。

② 饶兆斌：《经济高于地缘政治：马来西亚对21世纪海上丝绸之路的观点》，《南洋问题研究》2016年第4期，第53—66页。

为积极，但实际上其国内对“一带一路”倡议的认识也是参差不齐，朝野有别且官商异趣的。

二　马来西亚“一带一路”差异化认同的原因

如前所述，马来西亚对“一带一路”倡议的认同差异可以分为关注程度的差异和认知态度的差异两个方面，前者主要与需求、经历及宣传等有关，如马来西亚政商两界之所以对“一带一路”倡议更为关注是因为他们对该倡议有着自己的需求，即便这一需求是为了使自身利益免受“一带一路”的干扰，当然更多情况下是为了借助“一带一路”倡议实现各自的需求；而曾经有在华经商、求学或参政经历的人更关注“一带一路”倡议，如“一带一路”倡议提出后，马来西亚华社成立了多个呼应“21世纪海上丝绸之路”的经贸组织，这些组织的领导一般有着在华从商或参政背景；也因为马来西亚华文媒体和华人社团的持续宣传，马来西亚华人对“一带一路”倡议的了解程度高于其他族群。

至于认知态度的差异，主要有赞成和反对（含质疑）两种。前者可以从历史传统、经济诱因和政治需要三个方面来解释。

（一）历史传统

马来西亚是古代“海丝之路”的贸易中心，中马之间的贸易往来也由来已久。到了当代，马来西亚由于本国市场狭小、资金有限，一直将吸引外资、发展国际贸易作为推动本国经济发展的重要战略。自20世纪80年代中期起，马来西亚开始关注与中国的经贸合作。1985年11月，马来西亚总理马哈蒂尔首度率团访问中国，签署了多项贸易、投资和运输协定。20世纪90年代以来，马来西亚更是大幅调整其对华政策，清除双边交流合作的各种障碍，以促进与中国在多个领域尤其是在经贸领域的密切合作，甚至主动借助华商来推展与中国的经贸合作。这种吸引中资、与中国广泛开展经贸合作的一贯做法及由此形成的双边经济依赖决定了马来西亚整体上会对“一带一路”倡议予以正面回应。而且，马哈蒂尔本人也于2018年5月再次担任马来西亚总理。

（二）经济诱因

马来西亚是一个小国，地缘政治观念相对淡薄，马来西亚政府包括大部分国民倾向于从马来西亚自身利益层面尤其是从经济利益层面来考虑是否参与“一带一路”倡议。这与印度等大国明显不同，印度更多地倾向于考虑中国“一带一路”倡议在印度洋领域带来的挑战，因而一直对与中国在“一带一路”上的合作持谨慎态度。而在马来西亚，即便是巴生港、槟城港等2018年5月前由反对党执政的州，州政府也没有因为原执政党和中国关系密切而采取抵触中资的做法。可见，人们更关心的是能否在“一带一路”倡议中获得实际利益。而目前，从经济的角度来看，“一带一路”倡议，尤其是其中的“21世纪海上丝绸之路”建设和马来西亚国家发展目标有高度的互补性。在近期马来西亚国家发展计划中，政府正积极推动港口和其他交通基础设施的发展，而“21世纪海上丝绸之路”有关互联互通、基础设施建设、区域经济整合的内容，丝路基金和亚投行的资金支持，以及中国在高铁、通信网络建设等方面的技术实力，使得不少马来西亚政商人士相信“一带一路”可以帮助马来西亚实现其发展愿景。正因为如此，在一些中马合作项目被重新协商甚至被叫停的同时，一些民生必需项目仍然在有条不紊地进行着。而且，从现实的角度来看，目前马来西亚对中国市场也比较依赖。中国已连续多年成为马来西亚最大的贸易伙伴国，目前也是大马工程最大的总承包国。而且，中资进入对于马来西亚解决就业、促进中小企业转型升级等均有所帮助。如根据马方贸工部公布的数据，2015年中国在马投资的191个制造业项目为2万多人提供了工作岗位。[①] 总之，在全球经济放缓之际，中国对马来西亚经济的重要性愈发显现。也因为如此，即使是之前作为反对党领袖的马哈蒂尔，大选获胜后从务实的角度出发也表示支持中国的“一带一路”倡议，并多次公开表示希望中方企业尤其是高科技企业投资马来西亚，还在实践中采取了诸如简化行政审批程序、支持中小企业发展等改革措施来吸引中国投资者。

---

① 《马研究员：“一带一路”对马来西亚的意义》，新浪网，2017年6月23日，http：//finance. sina. com. cn/roll/2017－06－23/doc-ifyhmpew3162824. shtml，登录时间：2018年5月20日。

（三）政治需要

2016年，全球经济动荡对马来西亚国内经济造成重大冲击。是年，马来西亚国内遭遇石油价格走低、国内消费不振、货币持续贬值等多重压力，加上一马公司丑闻①曝光，使得纳吉布政府面临政治信任危机。面对反对党不断的批评以及2018年5月的全国大选压力，加大吸引外资（尤其是中资）力度就成为纳吉布摆脱国内经济危机和政治信任困境的重要"法宝"。加上原执政联盟中的华人政党——马华公会的极力推动和从中协调，整个执政联盟对于"一带一路"倡议的看法趋于乐观。而对于马华公会而言，"一带一路"倡议也是一个重要的机遇。马华公会在过去两次全国大选（2008年、2013年）中表现不佳，其传统票源（华人票）绝大多数投向反对党，这也导致它在执政联盟内的地位不如从前。因此，马华公会希望凭借在"一带一路"倡议中充当中马两国合作的急先锋和两国商界联系的重要桥梁，增强其在执政联盟内的地位。

反对或质疑的原因也是多方面的，首先是经济利益的冲突和经济条件的限制。虽然中马两国均从中马合作中受益，但两国相对收益的差距仍然使一部分马来西亚国民产生不满情绪。如马哈蒂尔本人就一直对马来西亚在马中贸易方面处于逆差地位耿耿于怀，并希望中方能更多地进行技术转让。此外，中企在马来西亚的投资方式也遭到诸多质疑。目前，到马来西亚投资的中国企业多为大型企业，财力雄厚，与马来西亚政府合作的项目也较多。这些企业习惯于"一条龙"的输出模式，包括原材料、技术人员等，较少聘用当地人才，难免引发人们对马来西亚真实获利的质疑，以及马来西亚民间中小企业被"挤出"命运的担忧。近年来，中国与马来西亚政府合作的项目也备受指责。马来西亚国内一贯对华人资本与政府合作采取"阿里巴巴"的商业模式，即公司股权必须保留给马来土著统治集团。然而，"一带一路"倡议提出后，这种模式因中资大举进入而受到冲击，尤其是在一马公司（1MDB）2015年初把旗下电力公司EDRA的全部股权售予中国广核集团，并决定将大马城60%的股权售予依海中铁财团（即

---

① 2015年一马公司丑闻爆发。当时美国《华尔街日报》揭露，疑似一马公司的7亿美元资金辗转汇入纳吉布的私人银行户头。但纳吉布指这笔巨款是沙特王室捐给巫统的政治献金，并强调他不曾把钱花于私人用途。

ICSB财团，其中中铁集团出资40%）后，更是引起反对党对纳吉布接受中国“金援”的质疑。总之，基于经济利益的冲突，近年来马来西亚国内对中资的质疑声音愈益明显。

另外，马来西亚国内经济条件也会限制中马经济合作的广度和深度。如考虑到马来西亚目前面临的经济和财政压力，2018年5月赢得大选的马哈蒂尔认为前任政府与外国签署的大型基础设施项目数量太多、金额太大，需要重新审查。正因为如此，当年8月，马哈蒂尔宣布取消三项中国贷款支持的价值200多亿美元的基础设施建设项目，对此，马哈蒂尔的解释是马来西亚政府国债已高达2500亿美元，再无力承担一些目前不太必要的项目。同年10月，中马合建的马六甲皇京港填海项目一度宣布停工，其原因也与缺乏资金有关。可见，马来西亚国内经济状况也会影响中马合作项目的顺利推进。

其次，与马来西亚特殊的政治环境有关。马来西亚实行政党联盟执政的制度，执政通过选举实现，没有选上的被称为反对党联盟，其立场自然与执政党联盟不同。因此，当2018年5月大选前的马来西亚执政党联盟试图把自己塑造成通过“一带一路”倡议吸引中资救助国内疲软经济的功臣的同时，反对党联盟对于中国“一带一路”倡议的态度就可想而知。反对党批判纳吉布，自然也批判纳吉布支持的中国投资。因此，当纳吉布2016年11月与中国签署了总值约320亿美元的投资备忘录后，即被反对党贴上“卖国”的标签。而反对党领袖马哈蒂尔一直就认为纳吉布政府的发展政策不可持续，且政府效率不高、腐败严重，并对此进行不懈攻击。2018年5月重新执政后不久，马哈蒂尔就以查证贪腐行为为由宣布冻结超过200亿美元的马来西亚基建项目资金，这些项目是“一带一路”中马合作的一部分。

再次，与马来西亚民众的“大国”恐惧心理有关。尽管中马两国之间的贸易往来及各方面的交流合作由来已久，并使马来西亚人民真实获益，但毕竟马来西亚是区域小国，且与中方有着南海权益之争，汹涌而来的中资必然使马来西亚国民备感压力，担心过分依赖某一大国会受制于人，最终导致利益或主权受损。这也是有着相似处境的东南亚国家民众对中国的普遍心理，最终导致这些国家在向中国靠拢的同时，又对中国有所提防。这种心态势必影响到中马政治互信，以及“一带一路”中马合作的广度和深度。

归根结底，"一带一路"倡议在马来西亚所遇到的问题，主要是经济权益与政治权益问题，这既与中马经济利益冲突有关，也与马来西亚特殊的政治生态和民众心理有关。

三　差异化认同背景下"一带一路"在马来西亚的实践风险

基于目前马来西亚国内对"一带一路"倡议存在差异化认同，进一步推进这一倡议存在如下风险。

（一）政治风险

与东南亚某些国家政权变动频繁、民族宗教问题突出相比，马来西亚的政治风险较低，但也存在一些不确定的因素，包括逐渐激烈的党派之争、政治腐败，以及境外势力对马来西亚的影响等。而且长期以来，在"一带一路"倡议推进过程中，受国内体制的影响，中国政府对政府之间的沟通和合作更为看重和依赖，以为只要说服了政府高层和体制精英，在马投资就会顺风顺水，而忽略了马来西亚选举政治的不确定性和多元性，以至于中马合作过程中，同马来西亚反对党的直接接触不多，了解也不多。但是，选举政治是不确定的，2018 年 5 月马来西亚大选的结果就证实了这一点。随之而来的是，新总理马哈蒂尔叫停新马高铁项目，并表示将就多个中资项目重新谈判。实际上，这也成为马哈蒂尔 2018 年 8 月访华的重要任务之一。即使是前任执政党领袖纳吉布，在反对党的一片指责声中，2017 年 5 月也提出一切中资投资发展建设项目都应优先聘用马国承包商、采用马国原料产品，以及培训和雇用马国各阶层专业人士或普通工人等要求。因此，与执政党的友好不代表"一带一路"倡议在各地能畅行无阻。而原反对党领袖马哈蒂尔重新执政，更是使得"一带一路"中马合作的政治风险倍增。加之，新上任的政府为了与前任政府划清界限，一般也要进行政治遗产清理。2018 年 5 月之后马来西亚新政府希望将相关项目重审除经济意义外，也具有这层含义。

马来西亚政治腐败也是之前中国比较忽略的内容，被认为是马来西亚的国内问题，与中马合作大局无关。但实际上马来西亚政治腐败不仅影响到执政党的执政根基，也影响到一些中马政府合作项目的合理性和经济性，进而影响到政权更替后这些项目的可持续发展。实践中，一些中马合作项目被反对党指责为政治腐败的“帮凶”，甚至对中国形象造成负面影响。

除马来西亚自身政治势力外，境外势力对马来西亚的影响也不容忽视。近年来，中马关系虽然发展顺利，但马来西亚作为战略敏感核心地带中实力较弱的国家，其外交政策也时常受到美国、日本和东盟等的影响。事实上，美国智库对“一带一路”背景下的中马关系比较关注，西方尤其是美国媒体也大肆鼓吹“一带一路”的各种问题，意欲“抹黑”“一带一路”，这种言论可能会对马来西亚的对华态度和对华政策造成影响。另外，马来西亚奉行以东盟为中心的外交政策，倘若“一带一路”倡议真给东盟团结带来负面影响，那么马来西亚决策者也会为此感到忧虑。类似的担忧也存在于菲律宾、越南等东盟成员国家。

（二）经济风险

近年来，在共建“一带一路”框架下，中国对马来西亚投资持续升温。据中国商务部统计，2015 年中国对马来西亚非金融类直接投资达 4.08 亿美元，同比增加 237%。2016 年，中国更是取代美国和日本，成为马来西亚第二大外资来源国。截至 2017 年 6 月，中马签署的合作项目总金额已超过 400 亿美元。[①] 尽管中马经济合作呈现良好态势，但中资企业走进马来西亚也有一定的经济风险。这突出表现在以下几个方面：一是一些准备进军马来西亚的中资企业最终未能如愿，使得其前期投入打了“水漂”。如 2017 年 5 月，马来西亚敦拉萨国际贸易中心私人有限公司以合作方未完成付款为由，使依海中铁财团对“大马城”项目注资 60% 股份的协议失效，尽管依海中铁财团声明已完成付款，但马来西亚政府不予受理。这预示着中铁集团入股“大马城”失败。类似事件在马来西亚新政府任期内发生的频率可能更高，2018 年 8 月新任总理马哈蒂尔访华之初还表示对“一带一路”态度积极，然而在访华行程结束前夕即宣布取消三项中国贷款支

① 戚易斌：《“一带一路”写入马来西亚年度经济报告 中马合作潜力巨大》，中国网，2017 年 10 月 31 日，http://news.china.com.cn/world/2017-10/31/content_41818408.htm，登录时间：2018 年 5 月 26 日。

持的价值200多亿美元的基础设施建设项目，包括东海岸铁路计划及两项油气管道计划。二是获利风险。中方输出的一些产品因与马方国内同类产品形成利益冲突，致使中方这些产品输出面临反倾销调查。如中国对马输出的钢材因与马来西亚国内生产的钢材形成直接竞争，2015年4月马来西亚对原产于中国的冷轧不锈钢板以及彩色涂层钢卷进行反倾销调查。马方还决定，从同年7月始，对自中国等42个国家和地区进口的热轧中厚板征收三年保障措施税。这一举措无形中加大了中方出口相应产品的成本，最终可能因在马销售利润空间不大而使出口计划流产。即便是已进军马来西亚的中资企业，也面临经济利益上的风险。如马来西亚槟城二桥由中国公司承建，在项目进行过程中，马方坚持改按英国标准设计，但造价不变，无形中加大了中方获利风险。三是间接投资风险，如借贷给马来西亚政府的资金，倘若马来西亚投资失败或是政权更替，也存在着债务能否如期偿还的问题。

（三）种族矛盾风险

马来西亚是一个多民族国家，马来人、华人和印度人是主要的民族。2016年，华人人口为664余万，占马来西亚总人口的23.4%。总体而言，马来西亚各民族相处和睦，不存在类似印尼那种大规模种族冲突的风险，也因此，华人被视为中马"一带一路"倡议顺利推进可以依靠的重要平台和载体。虽然如此，目前马来西亚国内对华人的歧视仍然存在，如在"马来人优先"的原则下，华人难以进入政治决策高层，因而也难以对政局产生较大的影响。"一带一路"倡议提出后，基于以往的合作传统和民族心理，华人政党及华社与中国的联系明显加强，如马华公会2014年7月与中国共产党签署了合作交流备忘录，开启了两国政党的密切合作，而推进"一带一路"建设也是两党合作的重要内容。2015年，马华公会与中国经济联络中心在北京联合举办了"一带一路"中国—马来西亚工商界对话会。之后，马华公会在马频繁举办"一带一路"相关研讨会或企业对话会。马华公会的上述做法客观上起到了宣传"一带一路"倡议的作用，但马来西亚华社与中国的这种紧密合作却有着一定的风险。一些马来民族主义者一贯对中国与马来西亚华人的关系保持警惕态度，如此做法可能招来中国借助华人干涉马来西亚内政的流言。事实上，近年来，一个名叫“跨学科研究和国际战略”的马来西亚民间智库，就在其网络刊物上散播“海丝之路”是中国通过海外华人影响他国国内政治的观点。[①] 因此，倘若因为“一带一路”倡议，华社尤其是华人政党与中国政府、中国共产党或中资企业走得太近，有可能会在华人问题仍然敏感的马来西亚再次引发中国干涉内政或对华人“效忠”问题的质疑，甚至可能演变为种族矛盾，最终不利于华人在当地的发展，并有可能对中马关系造成负面影响。这种可能性在华人问题相对敏感而华人人口又比较集中的东南亚国家是普遍存在的。

总之，马来西亚是最早响应中方“一带一路”倡议的沿线国家，也是与中国共建“一带一路”的重点合作国家。然而，在马来西亚国内对“一带一路”倡议存在差异化认同的情况下，机遇与风险同在，中国方面对此应有充分的认识，并及时应对。

四　马来西亚“一带一路”差异化认同的启示

如何最大限度地化解中马合作过程中的各种风险，继续推进中马“一带一路”合作，我们可从马来西亚“一带一路”倡议的认同差异化中得到若干启示。

首先，倾听各方声音，减少推进“一带一路”倡议的阻力。作为一个多元国家，马来西亚国内对“一带一路”倡议存在差异化认同本身是一个正常的现象，对此不必过分忧虑，但鉴于“一带一路”倡议的重要性及中马合作的长期性，我们仍应最大限度地化解这种差异。如要以适当方式加强与马来西亚各政党的对话与沟通，以应对马来西亚政局的不确定性，这在 2018 年 5 月马来西亚重新组阁之后显得尤其迫切；相比其他群体，学者们的观点更为客观和慎重，也看得更为深远，为了把握中马合作的深层次问题，有必要多倾听中马学界的观点；又由于马来西亚民意影响着选票，所以要多进行中马合作过程中具体问题和对策的民意调查，为中马合作的可持续发展铺平道路。

其次，应加大对“一带一路”的有效宣传，增进共识。目前马来西

---

① Asyraf Farique，“China Dream，One Belt One Road（OBOR）danPeranan Diaspora Cina”，*Fokus My*，Octorber 7，2016，http：focuss. my/china-dream-one-belt-one-road-dan-peranan-di-aspora-cina/，登录时间：2018 年 5 月 26 日。

亚民间不仅对“一带一路”倡议的了解不多，而且存在较多误解，因此，中方应加强对“一带一路”倡议的宣传，重点强调“一带一路”建设的自愿、平等参与及互利、共赢宗旨，解答马来西亚民众对“一带一路”倡议的种种质疑。当然，宣传时要讲究技巧，注重宣传的有效性。如通过当地华社、学者或曾经有在华投资、求学经历的人宣传就比中方尤其是中国政府出面宣传更具说服力。事实上，正是马来西亚华文媒体、华人社团对“一带一路”倡议的积极宣传，才使得马来西亚华人相比其他族群而言对“一带一路”倡议更为了解。另外，有着在华经商经历的人不仅更了解中国的经贸政策，而且也因参与中马合作而受益，其现身说法更能收到事半功倍的效果。今后，仍需更多地借助马来西亚民间力量宣传“一带一路”倡议，通过宣传打消马来西亚各方对“一带一路”的疑虑，促进中马“民心相通”。

再次，重视风险评估，最大限度地规避风险。中国方面需要更多地了解马来西亚的政治环境、经济结构、种族心态等因素，在利益与风险评估中做出理性选择，规避不必要的风险。如鉴于目前马来西亚民意对两国经济合作的认同度远高于两国“政策沟通”的必要性，中马合作可以继续采取先经济后政治的步骤逐渐推进。况且，目前中马两国的经济互补性很强，马来西亚民意对与中国的经济合作又并不排斥，因此经济合作的成效也将更为明显。而在政治层面，受制于马来西亚政治体制和复杂的国际政治环境等，马来西亚民间对与中国“政策沟通”的认同度仍相对较低，要改变这一现状非短期可以实现。当然，涉及具体的经济合作项目，尤其是与政府的合作项目，需要对其合理性、经济性等进行严格论证，不能一味贪图数量而最终陷入被质疑或失利的风险。又如与华人的合作，由于华人问题在马来西亚仍然比较敏感，华人的“海丝”热情可能会令当地民族反感，所以中国不宜过分强调马来西亚华侨华人的作用，也不宜仅与华人合作，那样容易使人误解，甚至可能给华人造成困扰。

最后，改善合作方式，力争取信于民。这包括以下几个方面：(1) 加强协商。鉴于目前马来西亚国内的经济状况及目前马来西亚政府对中马合作的谨慎态度，对于前任政府与中国签订的合作项目，在大规模实施之前，中国应与马方就项目的必要性、合理性等进行充分的协商和论证，以便达成新的共识。(2) 尝试多种合作方式。官方合作虽然短期内能使中资大规模进入马来西亚，但鉴于当前马哈蒂尔对中资的审慎态度，以及民间对中资与马来西亚政府合作的种种质疑和负面评价，可以着力探索官民合作、民民合作的多种形式，规避政治、经济风险。（3）深化合作领域。除在能源基础设施建设、通信网络建设以及物流运输等多个方面继续展开合作外，中马应进一步深化服务业合作交流，加强中小企业的参与，让更多的马来西亚民众受益。甚至中马应加强“一带一路”上的安全合作，这样能使马来西亚民众更为安心。（4）转变中资发展方式。主要是提高本地化水平和提升社会责任感，更多地与当地企业接轨，雇佣当地人才，采用当地原材料，真正融入当地，惠及当地民众。概言之，中马合作要想持久，必须全面贯彻互利共赢的原则。

总之，“一带一路”倡议既是对中马关系的考验，也关系到中马双方能否借此机遇顺利推进各自的发展愿景。鉴于当前马来西亚对“一带一路”倡议整体支持但在具体合作过程中又较为谨慎的态度，要最大程度地利用这一倡议推进中马关系和中马两国发展，需要双方就“一带一路”倡议达成最大共识。目前情况下，平衡好中马各方利益，广泛惠及马来西亚民生，或许是化解当前马来西亚对“一带一路”倡议差异化认同的根本所在，也是深入推进“一带一路”中马合作的关键。

Different Acceptance towards the “Belt and Road” in Malaysia: Status Quo, Risk and Revelation

Zhang Saiqun

Abstract In terms of sectors, industries, communities and timing, there are differences on acceptance towards the Belt and Road Initiative in Malaysia. This is divided into two aspects: one is different level of attentions paid to the Belt and Road Initiative by people's need, experience and publicity, the other is different acceptance towards the BRI referring to special history tradition, political ecology, economic interests, ethnic mentality and etc. , . These different acceptance create political, economic, ethnicity and other risks while pushing forward the BRI. In order to mitigate the differences and realize the construction of “People-to-People Bonds”, it is necessary to listen to others, spare more efforts in publicity and explanation, specify interests of all the relevant.

Key Words "Belt and Road"; Acceptance; Difference; Malaysia.

Author Zhang Saiqun, Professor and Ph. D., School of Political Science and Public Administration and Research Center of Political Development and Public Governance, Huaqiao University.

缅甸民盟新政府执政以来"一带一路"倡议下的中缅合作进展与挑战

宋清润　刘金卫*

【摘要】缅甸地缘位置重要，资源丰富，发展前景看好，是中国周边外交中的重要国家，是"一带一路"沿线重要国家，也是域内外国家争相拉拢与合作的对象国。中缅山水相连，长期以"胞波"（兄弟）相称；2011年，中缅建立全面战略合作伙伴关系；全国民主联盟（民盟）政府2016年3月30日执政以来，中缅关系继续友好发展。中国推进"一带一路"建设需要缅甸的支持与配合，而缅甸参与"一带一路"倡议不仅会提振其经济，还有助于缅甸加快融入区域合作，提高国际地位。两国在"一带一路"合作上的政策沟通、基础设施联通、资金融通、贸易畅通、民心相通"五通"领域均取得一定进展，互利互惠合作前景广阔，但也面临不少挑战，同时也面临他国日益激烈的竞争。

【关键词】中国　缅甸　民盟政府　"一带一路"合作

【作者简介】宋清润，中国现代国际关系研究院美国研究所，副研究员、博士；刘金卫，中国现代国际关系研究院东南亚及大洋洲研究所，研究实习员。

缅甸国土面积约67.7万平方公里，是中南半岛面积最大的国家，是东南亚国土面积第二大的国家，仅次于印尼。缅甸地缘位置重要，西

---

* 原文发表于《战略决策研究》2017年第5期，本篇对原文做了补充和更新。

南临安达曼海，西北与印度和孟加拉国为邻，东北靠中国，东南接壤泰国与老挝。缅甸是连接中国和印度两大国的国家，是连接东南亚和南亚的唯一陆地枢纽国，是中国经陆路打通印度洋通道的最便捷国家。同时，缅甸具备良好的资源禀赋，可耕地面积约1800万公顷，尚有400多万公顷的空闲地待开发；石油、天然气、煤、水能、木材、玉石等资源丰富。目前，缅甸正在推进国家转型与对外开放，经济发展前景看好。①

缅甸是中国周边外交中的重要国家，不仅是“一带一路”的重要参与国，也是中缅经济走廊的主要组成部分，如果缅甸北部和西部地区的安全形势持续恶化，走廊即便贯通，也很难顺利运行；缅甸还是地区其他多个合作机制的重要成员国家，参与了澜沧江—湄公河合作机制、孟中印缅经济走廊（BCIM）、日本与湄公河流域国家首脑峰会、环孟加拉湾多领域经济技术合作倡议（BIMSTEC），等等。

正因为缅甸如此重要，其也是域内外国家争相拉拢的对象。美国、欧盟、印度、日本、东盟等世界主要国家和组织纷纷加强与缅甸的交往，加大与缅甸的合作力度，其目的之一是避免缅甸倒向中国，以压缩中国周边地区战略空间。同时，缅甸奉行大国平衡外交政策，力争与所有国家交好，在拓展对华友好合作的同时，也有意平衡中国在缅甸的过大影响力。

中缅两国是山水相连的友好邻邦，两国人民之间的传统友谊源远流长。自古以来，两国人民就以“胞波”（兄弟）相称。2011年，中缅建立全面战略合作伙伴关系，全国民主联盟（民盟）政府2016年3月30日执政以来，中缅关系继续友好发展。中国推进“一带一路”建设需要缅甸的支持与配合，而缅甸参与“一带一路”倡议不仅会提振其经济，还有助于缅甸加快融入区域合作，提高国际地位。当然，中缅推进“一带一路”合作也面临他国日益激烈的竞争。

据北京大学“一带一路”五通指数研究课题组编撰的《2016年“一带一路”沿线国家五通指数报告》，在沿线63个国家（指统计数据发布

① 参考《缅甸国家概况》，中国驻缅大使馆，2018年10月24日，http://mm.china-embassy.org/chn/ljmd/abad/t1459910.htm，登录时间：2018年10月30日。

指数的国家）中，缅甸排名第 45，属于“潜力型国家”。[①] 中缅在“一带一路”已经开展合作，取得一些进展，也暴露出一些问题，存在挑战。

一 中缅两国在“一带一路”建设中的进展与问题

（一）政策沟通方面取得一定成效，但问题与挑战犹存

1. 政策沟通取得一定效果

中缅关系经受住了缅甸 2016 年 3 月政府更迭的考验，缅甸民盟新政府和中国政府相向而行，均努力确保双边友好关系持续发展，这是两国当前关于“一带一路”合作政策沟通较为顺畅的重要基础性保障。

民盟政府上台后，外界一度担心中缅关系会出现一定波折，或者出现不确定性。民盟执政给缅甸政治和外交带来的冲击是历史性的、巨大的。在 1962 年 3 月至 2016 年 3 月的 54 年间，基本都是军人或其代理人、代理政党执政，由军人集团主导外交政策，不管是民盟，还是其他在野党派组织、民众，对外交决策与实施的影响总体较小。民盟与西方政治理念相似，在野时期长期得到西方支持。民盟赢得 2015 年 11 月大选并较为顺利执政，西方支持也功不可没。因此，有人担心，民盟政府会否因此“亲西疏华”？但民盟执政三年来，中缅关系健康发展的事实表明，两国关系经受住了缅甸政府更迭的考验。主要原因如下：

一是，中缅建交以来总体友好，这是当前中缅友好关系的基础。历史上，两国“胞波”情谊深厚。在缅甸语中，只有中缅关系被称为“胞波”（兄弟）。中缅两国自古至今边境线漫长，有着纷繁复杂的关系，双方既有长期友好时期，也有兵戎相见的对立时期。1954 年 6 月，周恩来总理访问缅甸，与吴努总理共同倡导“和平共处五项原则”。此后至今，中缅关系尽管也存在种种问题，但除 1967 年 6 月缅甸发生大规模排华事件导致两国断交三年多的极端不友好时期之外，总体上保持了友好关系。

---

① 2017 年 5 月 10 日，北京大学国际关系学院博士后陈艺元代表课题组在云南德宏州举行的“首届中缅智库高端论坛”上发布的数据，详情请参见《中缅智库专家共谈“一带一路”与中缅关系 两国能从中找适合自己的“锦囊”吗?》，《金凤凰报》（缅甸中文报纸）2017 年 5 月 10 日。

二是，两国当前对彼此有利益需求。中国目前在缅甸利益较多。在经济层面，根据缅甸投资与公司管理局的数据，截止到2018年10月，中国（含港澳）获批投资总额为281.41亿美元，占比36.18%。[①] 维护这些投资项目及相关人员安全，是中国海外利益保护的重要内容。在边境稳定层面，中缅有着2200多公里的边境线，滇缅边境线占绝大部分，边境线缅方一侧的掸邦、克钦邦地区（也就是缅北地区），存在克钦独立军等多支少数民族地方武装（民地武）。克钦独立军等多支“民地武”与政府军近年来经常爆发冲突，至今未能完全平息，滇缅边境安全存在隐患。加之，边境两侧的黄赌毒等跨国犯罪猖獗。维护边境稳定，推进两国跨境合作以兴边富民，也是中国的重大利益关切。在多边层面，当前，中国与东盟整体合作的推进需要良好的中缅关系作为重要支撑。中国积极推进“一带一路”建设，尤其是涉及东南亚、南亚的一些区域合作倡议或机制的推进，需要缅甸的支持与合作，如，中缅经济走廊、澜沧江—湄公河合作机制建设、中国与中南半岛经济走廊建设，等等。

对缅甸而言，不管是谁执政，都不能忽视中国对缅甸的重要性。昂山素季领导的民盟政府面临不少执政难题，需要中国协助解决。在经济领域，缅甸基础设施很差，电力急缺，物流成本高，工业基础薄弱，民盟上台后经济发展不如预期。民盟任内，除大米出口创70年来新高以外，其他主要经济指标乏善可陈。2018年，缅币持续贬值，通货膨胀率大幅上升，经济增速明显下滑。世界银行2019年营商环境排名中，缅甸在190个经济体中排第171位，连续第三年未能提升其排名，在东盟国家中排名最低。[②] 2017年8月缅甸若开邦罗兴亚人难民危机爆发后，国际援助、投资和外国游客（尤其是西方游客）大幅减少。2017—2018财年（2017.4—2018.3），缅甸外资流入57亿美元，较上一财年减少9亿美元。[③] 2018年前9个月的

---

① Myanmar Directorate of Investment and Company Administration, “2018/October Foreign Direct Investment by Country”, https://www.dica.gov.mm/sites/dica.gov.mm/files/document-files/bycountry.pdf，登录时间：2018年10月30日。

② “Two Steps Forward, One Stride Back”, *Myanmar Times*, December 28, 2018, https://www.mmtimes.com/news/two-steps-forward-one-stride-back.html，登录时间：2018年12月30日。

③ 《缅甸预测2018—19财年吸引外资58亿美元》，中国驻缅甸经商参处，2018年9月4日，http://mm.mofcom.gov.cn/article/jmxw/201809/20180902782752.shtml，登录时间：2018年10月8日。

游客人数增长率降至0.7%，而2017年为7.1%。[①] 中国除了是缅甸最大外资来源地外，还继续维持缅甸最大贸易伙伴地位。民盟执政后，需要拓展对华经济合作，来加快发展缅甸。在民族和解方面，缅甸当局与缅北多支“民地武”缺乏互信，矛盾尖锐，政府军与佤联军等部分“民地武”保持“冷和平”（表面“友好”），与克钦独立军等部分“民地武”长期处于“谈不拢、打不赢”的尴尬局面。缅甸和平进程（尤其在缅北地区）需要中国发挥建设性作用，这是缅甸政府、政府军和“民地武”的共识。在地缘政治与外交层面，缅甸也需要与中国的“一带一路”倡议搞好对接，提升缅甸的地区地位。[②] 2017年8月的缅甸若开邦危机令民盟政府承受巨大的国际压力，昂山素季及缅甸与西方（日本除外）及伊斯兰国家的关系降至谷底，缅甸的平衡外交和全方位外交陷入困境。中国在国际场合努力维护缅甸利益（如三阶段解决若开邦问题设想），加之日本、印度等对缅友好国家的国际影响力不如中国，缅对华更为倚重，主动向中国靠拢。缅军方迫切需要中国在安理会仗义执言或用否决权保护缅军免于制裁和审判。

三是，两国当前均对彼此采取友好政策。中缅外交理念有相似之处，两国都是“和平共处五项原则”的倡导者，在地区和国际问题上有着相似看法，经常互帮互助。对中国而言，不管缅甸政局如何变化，中国始终不干涉缅甸内政，奉行对缅友好政策。

民盟政府延续缅甸1948年独立以来的“独立、不结盟、积极的外交政策”，推行大国平衡战略，优先与邻国发展友好关系。昂山素季执政后表示，要利用好地缘优势，为国家发展争取更多外部支持，将地缘资源转化为更多发展资源。[③] 可见，民盟新政府外交政策总体以国家现实利益为核心出发点，而不是以意识形态划界，不会因为政治理念与西方相似而倒向西方，也不会配合美欧制衡或者挤压中国。

---

① “A Year of Despair and Despondency”, *Myanmar Times*, December 28, 2018, https://www.mmtimes.com/news/year-despair-and-despondency.html，登录时间：2018年12月30日。

② 这是作者与民盟智库——贝达研究院学者、最大在野党巩发党智库——战略与国际问题研究中心学者等缅甸人士2016年11月25日在仰光交流获得的信息。

③ “Strength of the People: Myanmar to be Made Strong by Using the Strength of the People to Push Foreign Policy”, *The Global New Light of Myanmar*, April 23, 2016, http://www.globalnewlightofmyanmar.com/strength-of-the-people-myanmar-to-be-made-strong-by-using-the-strength-of-the-people-to-push-foreign-policy/，登录时间：2018年3月2日。

昂山素季和总统吴廷觉、吴温敏等缅甸政府高层均表示支持“一带一路”建设，与中方多次磋商合作事宜。2016 年 8 月，昂山素季访华，这是她出任国务资政、外长后首次出访东盟之外的国家，说明缅甸新政府高度重视对华关系，在国际上引起轰动。据中缅联合新闻稿，缅方欢迎中方倡导的“一带一路”和孟中印缅经济走廊合作倡议。[①] 吴廷觉于 2017 年 4 月对中国进行国事访问，习近平与吴廷觉会晤后，两国发表《中华人民共和国和缅甸联邦共和国联合新闻公报》，公报指出：缅方支持“一带一路”倡议，支持中方办好“一带一路”国际合作高峰论坛；双方将继续发挥好经贸联合委员会、农业合作委员会、电力合作委员会等政府间合作机制作用，加强经贸、农业、电力、交通、产能等各领域互利合作，促进共同发展，惠及两国民众。[②] 随后，昂山素季 5 月中旬来华参加“一带一路”国际合作高峰论坛，显示缅甸高层切实支持“一带一路”合作的推进。李克强与昂山素季见证两国签署了《中缅两国政府“一带一路”合作备忘录》[③] 和《中国商务部与缅甸商务部关于建设中缅边境经济合作区的谅解备忘录》[④]（主要是中国瑞丽—缅甸木姐边境区域）等涉及“一带一路”合作的重要合作协议。11 月，王毅访缅，探讨建设“北起中国云南，经中缅边境南下至曼德勒，然后再分别向东西延伸到仰光新城和若开邦皎漂经济特区”的“人字形”中缅经济走廊，构建三端支撑、三足鼎立的大合作格局，推进缅甸各地的均衡发展。昂山素季在联合记者会上说，缅方赞赏中方提出的建立中缅经济走廊的倡议，这一倡议与缅国家发展规划有很多契合之处。缅目前亟须解决交通、电力落后问题，希望通过中缅经济走廊

---

① 《中华人民共和国和缅甸联邦共和国联合新闻稿》，新华网，2016 年 8 月 20 日，http：//www. xinhuanet. com/2016 -08/20/c_ 129243250. htm，登录时间：2018 年 3 月 2 日。

② 《中华人民共和国和缅甸联邦共和国联合新闻公报》，人民网，2017 年 4 月 11 日，http：//world. people. com. cn/n1/2017/0411/c1002 - 29200722. html，登录时间：2018 年 3 月 2 日。

③ Memorandum of Understanding between the Government of the Republic of the Union of Myanmar and the Government of the People's Republic of China on Cooperation within the Framework of the Silk Road Economic Belt and the 21st Century Maritime Silk Road Initiative。参见“China's Xi Offers Help for Myanmar Peace Process”，*The Global New Light of Myanmar*，May 17，2017，http：//www. globalnewlightofmyanmar. com/? s = China% E2% 80% 99s + Xi + offers + help + for + Myanmar + peace + process，登录时间：2018 年 3 月 2 日。

④ 《中国商务部与缅甸商务部签署关于建设中缅边境经济合作区的谅解备忘录》，商务部新闻办公室，2017 年 5 月 17 日，http：//www. mofcom. gov. cn/article/ae/ai/201705/20170502575934. shtml，登录时间：2018 年 3 月 5 日。

建设，优先在上述领域与中方开展合作。缅方愿尽早就此倡议与中方对接。[①]

2017 年 12 月，昂山素季出席中国共产党与世界政党高层对话会期间对习近平表示，“感谢习近平总书记对缅中关系的高度重视，我们充分感受到了中国党和政府的真诚友好情谊，这必将推动缅中关系更为坦诚亲密，在缅中经济走廊等各领域开展卓有成效的合作。”[②] 2018 年 5 月，缅甸新总统吴温敏会见中国国务委员、公安部长赵克志时表示，希望双方加强缅中经济走廊等“一带一路”项目建设合作，在执法安全合作领域取得更多积极成果，给两国人民带来更多福祉。[③] 9 月，中国发改委主任何立峰与缅甸计财部部长吴梭温分别代表两国政府签署了《中国与缅甸政府关于共建中缅经济走廊的谅解备忘录》，发改委宁吉喆副主任和吴梭温部长共同主持召开中缅经济走廊联合委员会第一次会议，并共同出席中缅经济走廊论坛，探讨加快推进经济走廊建设。11 月，中缅签署了皎漂特别经济区深水港项目框架协议，深水港一期工程将建设 2 个泊位，总投资将尽可能控制在 13 亿美元以内。[④] 2019 年 2 月 24 日，为进一步贯彻落实中缅两国领导人达成的重要共识，云南省政府、中国国家发展改革委、缅甸联邦计划与财政部共同主办了第二届中缅经济走廊论坛。4 月下旬，昂山素季率团参加第二届“一带一路”国际合作高峰论坛。

此外，中缅还创设了外交国防“2 +2”高级别磋商，旨在磋商两国重要安全问题，迄今已举行四次。该会晤制度是中国与东盟国家建立的唯一常设的外交国防对话机制，一定程度上为“一带一路”合作保驾护航。

综上所述，自民盟政府上台后至今，吴廷觉访华一次，昂山素季访华三次，敏昂莱访华两次，中国成为缅甸军政核心领导人出访次数最多的国

---

① 《王毅与缅甸国务资政兼外长昂山素季举行会谈》，新华网，2017 年 11 月 20 日，http：//world. huanqiu. com/exclusive/2017 - 11/11388604. html，登录时间：2018 年 3 月 2 日。

② 《习近平会见缅甸国务资政昂山素季》，新华网，2017 年 12 月 1 日，http：//www. xinhuanet. com/2017 - 12/01/c_ 1122045014. htm，登录时间：2018 年 3 月 5 日。

③ 《缅甸总统温敏会见赵克志》，公安部网站，2018 年 5 月 9 日，http：//www. mps. gov. cn/n2254314/n2254315/n2254317/n5846812/n5846819/c6118988/content. html，登录时间：2018 年 5 月 9 日。

④ 《中缅签署皎漂深水港项目框架协议》，环球网，2018 年 11 月 8 日，http：//world. huanqiu. com/exclusive/2018 - 11/13491444. html，登录时间：2018 年 11 月 20 日。

家。两国高层在"一带一路"合作方面的政策沟通非常密集，推动着务实合作的开展。

2. 两国政策沟通仍存在问题和挑战

一是，中缅两国高层领导达成了推动"一带一路"合作的共识，但双方在"一带一路"合作的政策对接细节与具体合作方面，尚有不足。

一方面，缅甸民盟从在野20多年的政党一跃成为执政党，缺乏执政经验，尤其是财经部门的官员专业水平不高，而且，执政团队来自民盟、军人、前政府技术官僚等多个党派和阶层，相互之间难以协调配合。民盟政府执政近三年，很大精力放在熟悉政策、改组前政府机构等方面，虽然出台一些内外发展新政策，但相关政策的细致化、科学化明显不足，开展对外经济合作的视野不够开阔。缅甸官员的市场经济意识不强，知识水平、能力远远落后于国际经济合作新时代的要求，对"一带一路"的了解远远不够。这影响了民盟政府与中国在"一带一路"合作具体领域的政策沟通。

另一方面，民盟政府重要决策全部须由昂山素季点头，部长们没有多少重大决策权。昂山素季本人不太懂经济，其主要精力又放在民族和解、外交事务等方面，疲于应付国家大小事务，对缅甸经济发展与对外合作的关注度不高，难以做出细致、科学的政策指导。所以，缅甸政府高、中级别的官员与中国政府、企业等主体在"一带一路"合作细节方面的政策沟通有些困难。

二是，两国在发展政策理念上存在一定"错位"，这会影响两国在"一带一路"合作方面的政策沟通进展及成效。

中国与缅甸在"一带一路"合作中具有战略性、前瞻性，着眼于中缅双方未来长期合作与发展，但缅甸总体较为落后，实力有限，有时不能理解中国的发展经验和模式，或者是暂时没有意愿和动力与中国搞很多大型合作项目。缅甸民盟政府缺乏长远眼光，民盟政府任期5年，其很多政策主要着眼于几年后的竞选连任问题，对中长期国家发展不太关心，或者是有心无力。民盟政府希望和国外的合作项目要尽量投入少、见效快，能很快增加就业和税收，改善民生，为下次大选争取民心。中国与缅甸的"一带一路"合作项目则是一些铁路、公路、港口、工业园区等投资规模大、建设周期长、收益见效慢的基础设施建设项目，对缅甸长远发展是利好。但缅甸财政困难，在基建方面财政投入有限，担心搞太多大型基础设施建设会背上沉重债务包袱，短期也难以立竿见影地获得项目利润。[①] 2018 年 8 月，据路透社报道，缅甸政府官员表示拟大幅减少对皎漂港口项目的投资，以避免因大量借债陷入“债务陷阱”。[②] 缅甸副财长吴赛昂说，走廊需要各个层面的审查，因为在走廊名义下各种各样项目将陆续铺开，会持续很多年。[③]

三是，在中缅重大项目利益分配方面，缅甸不少人认为主要对华有利。

缅甸一些官员认为，中国提出与缅合作的重大互联互通项目，意在通过缅甸打通印度洋便捷通道，在路线设计、功能规划、发展收益、便民举措等方面，对缅甸利益考虑不够。他们认为是“中国获利多、缅甸获利少”，因而有时合作意愿不足。如，中国提议建设云南瑞丽至缅甸皎漂的经济走廊，缅甸认为这主要符合中国的战略利益，通道路线与缅甸伊洛瓦底江核心经济带（曼德勒—仰光的沿线地区）“交集”不多。[④]

四是，缅甸封建时期曾是中南半岛强国，民族自尊心较强，中缅实力愈发悬殊造成缅甸对华防范心理有所增强，而这种状况未来较难消除。

根据世界银行数据，2017 年，中国 GDP 约 12.2 万亿美元，缅甸 GDP 约 693.2 亿美元。中缅 GDP 绝对值差距大，双方年度增量的绝对值差距越来越大，综合实力不对称状况愈发明显。按照地缘政治学理论，国家间的相互影响力存在“距离衰减原理”，即通常而言，国家间距离越近，彼此之间的影响就越大、越直接，反之亦然，对于小国而言，毗邻大国或强国是否对其友好，对小国的损益很大。[⑤] 中国作为缅甸最大邻国，一举一动在缅甸所引起的反应常比美国、日本等较远大国举动在缅甸所引起的反应要强烈。缅甸政府一直努力推动外资多元化，避免过度依赖中国，但是除了中国，缅甸别无选择。2018 年 8 月，皎漂经济特区招标委员会主席吴甘

---

① 笔者在 2016 年多次与缅甸学者吴哥哥莱、吴妙严瑙登等人士交流时获得的信息。

② 《缅甸与中方沟通，拟大幅减少对皎漂港口项目投资？外交部回应》，环球网，2018 年 8 月 3 日，http://world.huanqiu.com/exclusive/2018-08/12635500.html，登录时间：2018 年 10 月 8 日。

③ “The Grand Plan for the China-Myanmar Economic Corridor”, *Frontier Myanmar*, September 26, 2018, https://Frontieryanmar.net/en/the-grand-plan-for-the-china-myanmar-economic-corridor，登录时间：2018 年 10 月 8 日。

④ 笔者在 2016 年多次与缅甸学者吴哥哥莱、吴妙严瑙登等人士交流时获得的信息。

⑤ 沈伟烈主编，陆俊元等撰稿：《地缘政治学概论》，国防大学出版社 2005 年版，第 197—191 页。

佐（吴登盛政府时期部长）坦言，我们起初不渴求中国投资，我们期盼美欧开发商，但是他们不来。[①] 这些因素都会持续影响双方对彼此的认知和利益界定，尤其是影响缅甸对华认知。如缅甸希望通过拓展与其他大国合作来平衡中国的影响力，其对华既合作又提防的纠结心态愈发突出，这会影响双边关系发展，影响两国在“一带一路”合作方面的政策沟通。[②]

五是，影响中缅政策沟通的主体明显增多，各方利益诉求多元化，导致两国政策沟通的难度有所增大，效率有时不尽如人意，或者是商定后的执行难度有所增大。

2011 年缅甸加快民主转型以来，五年进行一次大选，政府决策需要迎合民意。近年来，缅甸公民社会发展迅速，社会迅速多元化，各种利益群体的诉求迸发，民间组织非常活跃。目前，政府制定和执行对华政策愈发受到多方力量的牵制，如军方、在野党（含缅族政党和少数民族政党）、非政府组织、媒体（甚至是外国媒体）、社会精英、佛教团体等。缅甸不同利益群体立足于局部利益或短期利益，往往会影响中缅双边关系大局以及两国在“一带一路”方面的政策沟通。尤其是，缅甸军政府以及军政府支持的吴登盛政府时期，缅甸和中国有很多大型基础设施、能源、矿产等合作项目，而缅甸民间存在着较强的反军方情绪，并因此迁怒中资企业。中缅大项目合作确实集中在缅甸资源、能源领域，个别企业确实在占地、拆迁、环保、社会责任等方面存在问题。即便是民盟执政以后，上述因素仍在影响缅甸与中国“一带一路”合作项目的洽谈与实际推进。

六是，缅甸智库和学者对“一带一路”的研究还有些欠缺，难以向政府提出足够细致、可行的对华合作建议。

军政府长期统治下，缅甸体制僵化，封闭落后，还遭遇过西方20 多年的孤立与制裁，国际关系领域的智库和研究机构少，规模小，经费不足，研究人员水平参差不齐，缺乏水平高的研究中国的机构，对中国和“一带一路”的研究不够。民盟执政后，民盟智库——贝达研究院一度较为活跃，但 2016 年 11 月，其院长吴妙严瑙登因在媒体上公开侮辱缅甸国防军

---

① “Kyaukphyu SEZ Project Awarded to China for Lack of Options, Ex-Minister Says”, *The Irrawaddy*, August 6, 2018, https://www.irrawaddy.com/news/burma/kyaukphyu-sez-project-awarded-china-lack-options-ex-minister-says.html，登录时间：2018 年 10 月 10 日。

② Brantly Womachk, *China and Vietnam: The politics of Asymmetry*, New York: Cambridge University Press, 2006, pp. 17 - 18.

总司令而被指控犯罪，该院研究遭到打击。缅甸智库、高校也只能向政府提供一些粗浅的关于“一带一路”合作的分析和建议。而且，智库运作普遍获得西方资金支持，研究人员势必受到西方诋毁“一带一路”倡议和抹黑中国的舆论影响，可能在“一带一路”研究方面获得扭曲乃至错误的信息，得出错误结论。综上，缅甸学界对政府智力支撑不足，会影响政府决策与政策执行。

七是，西方源源不断向缅甸植入其理念与规则，这势必长期影响中缅“一带一路”合作。

缅甸朝野普遍崇拜西方政治经济模式、公民社会、科教文卫、企业管理等方面的成就。缅甸目前运行的民主体制基本是仿效西方。由于缅甸整体落后，人才匮乏，政府缺乏自主进行顶层设计的能力，不得不依赖西方专家为其制定政治、经济等领域的发展规划，甚至直接照搬西方理念和规则。昂山素季和民盟高层长期深受西方理念影响，颇为信奉西方价值取向。近年来，民盟政府聘请欧美日专家或者是西方国家国籍的缅甸人等担任顾问，在民主转型、和平进程、经济社会发展等领域听取西方专家的建议。西方专家则借机向缅甸输出民主价值、经济规则、环保意识、公民权利、企业社会责任等理念，以长期影响缅甸发展，拓展缅与西方合作，为中缅合作设置障碍。当前，西方理念和规则对缅甸官员和民众渗透日深，影响日甚。因此，缅甸和中国磋商“一带一路”合作时，也经常采用西方理念和标准与中方对接，难免与中国出现错位乃至冲撞。缅甸日益盛行的“西方规则性壁垒”阻碍了中缅关系发展，也阻碍了中缅在“一带一路”合作方面的政策沟通。

（二）设施联通方面，有些可喜进展，但也存在不少挑战

基础设施互联互通是中缅在“一带一路”合作中的优先领域。中缅边民往来密切，边贸兴旺，两国整体人员往来、经贸合作也日益增多。同时，中缅同是澜沧江—湄公河合作机制等地区多边合作机制的成员。中缅基础设施互联互通不仅对提升两国全方位合作十分重要，对地区互联互通与共同发展也十分重要。

1. 中缅互联互通近年来取得了一些进展

一是两国边贸口岸附近的道路桥梁状况得到改善。曼德勒—腊戌—木

姐是中缅两国最主要的边境贸易通道，但是该通道时常发生交通堵塞。为了给边境贸易车辆提供便利，保障该贸易通道畅通，缅甸东方高速公司以BOT（建设—运营—移交）方式对该公路283英里路段进行扩建升级，将现有双车道扩建为4车道，目前已经动工，计划于2020年完工。[①] 中国已经在中缅边境城市瑞丽建设了高速公路，未来与上述跨境公路可能实现对接。2018年3月20日，中国援助缅甸新滚弄大桥项目举行立项换文签字仪式。该桥所在的登尼—滚弄—清水河公路是掸邦北部的交通要道。项目建成后，将大幅改善缅甸掸邦北部与中国云南边境地区，以及缅甸其他地区之间的交通和物流条件。缅甸建设部部长汉佐说，新滚弄大桥将成为缅中共建“一带一路”的重要项目以及两国友谊进一步发展的标志。[②] 2018年10月，中缅签署木姐—曼德勒铁路项目（中国驻缅大使洪亮称之为中缅经济走廊旗舰工程）可行性研究备忘录，将启动该项目可行性研究，以期降低贸易运输成本，提升两国经贸合作。[③] 2019年1月，为修建缅甸曼德勒至中国云南省昆明的中缅铁路，缅甸交通与通讯部火车局和中国中铁二院工程集团有限责任公司开始初步测量缅甸段（木姐—曼德勒）土地，标志着木姐—曼德勒铁路项目有了初步进展。[④]

二是中缅陆水联运项目有所推进。近年来，云南省加快中缅陆路水路通道的规划和建设，在中缅陆水联运方面，部分路段已经取得进展。比如，2016年1月，云南龙瑞高速公路建成通车，这是云南重点推进的出境国际大通道之一。该公路起于保山市龙陵县，与保龙高速公路相连，途经德宏州芒市，止于瑞丽市姐勒。龙瑞高速公路建成后将可从瑞丽出境，经瑞丽至缅甸八莫的公路，再从八莫下水伊洛瓦底江直达仰光、印度洋，实

---

① 《缅甸扩建曼德勒至木姐公路》，中国驻缅经商参处，2016年5月20日，http://mm.mofcom.gov.cn/article/jmxw/201605/20160501322617.shtml，登录时间：2018年1月10日。

② 《中缅路桥建设合作硕果累累》，人民网，2018年7月12日，http://ydyl.people.com.cn/n1/2018/0712/c411837-30142535.html，登录时间：2018年10月8日。

③ 《中缅签署木姐—曼德勒铁路项目可行性研究备忘录》，新华网，2018年10月22日，http://www.xinhuanet.com/fortune/2018-10/22/c_1123597012.htm，登录时间：2018年10月30日。

④ 《中缅铁路缅甸段正式启动勘测》，《金凤凰报》，2019年1月15日，https://www.mmgpmedia.com/travel/29594-2019-01-15-09-47-09，登录时间：2019年1月15日。

现规划中的中缅陆水联运。[①] 这条陆水联运大通道在中国可以连接和辐射中国西部云南等多个省份，在缅甸可以辐射从北到南的大片地区，未来如果能够持续顺畅运营，必将成为中缅经贸与人员往来的“大通道”，成为中缅“一带一路”合作的“大动脉”之一。

三是，能源通道实现重大突破。2017 年 6 月，中缅石油天然气管道已经全部实现输气、输油，管道每年都免费向沿途卸载一些油气供缅甸使用。中缅还将在沿线建设石化厂。同时，中国与缅甸的电力联网、电力贸易和电源建设积极推进。上述项目实现中缅在能源领域互利互惠，有利于中国提升能源安全，有利于增加缅甸的电力、油气供应，有利于区域能源网络建设与市场发展。

四是跨境通信光缆建设顺利。云南连接缅甸的中缅光缆传输系统已经建成，提升了两国的通信互联互通水平。

2. 两国设施联通也存在挑战

一是缅甸财政收入少，财政赤字大，总体债务高，对中缅跨境基础设施投入有限。因为限制玉石等出口以及农产品、矿产品等初级产品国际市场价格低迷，缅甸出口收入减少，民盟政府税收收入比前政府时期有所下降。因此，缅甸投入国内基础设施的资金捉襟见肘，在推进与中国互联互通方面，人力、财力、技术投入有限，机械设备匮乏，主要靠中国方面出人、出钱、出设备。总之，在中缅跨境互联互通方面，如果只是云南修路到了缅甸边境，而缅方因为多种因素掣肘，不能对接，那么，两国互联互通就会迟滞，有些路就成为“断头路”，效果势必大打折扣。

二是缅甸公民社会发展迅速，民众权利意识迅速崛起。在国内外 NGO 影响下，缅甸民众在征地、拆迁、环保、企业社会责任、劳工权益等方面诉求甚多，甚至达到苛刻的程度，导致中缅在建设重要跨境铁路、公路等方面举步维艰，抬升建设成本，也打击中缅合作进度与气氛。

三是缅甸朝野缺乏现代经济理念和国际经济合作常识。由于缅甸长期闭关锁国，整个社会，从官员到商人、百姓，对现行国际合作方式缺乏必要了解，影响中缅大型合资项目推进。比如，缅甸缺乏资金来建设重大项目，通过 BOT 模式吸引外资符合缅甸当前实际。中国企业也希望按照国际

① 《龙瑞高速公路全线建成试通车》，云南网，2016 年 1 月 6 日，http：//dehong. yunnan. cn/html/2016 - 01/06/content_ 4103823. htm，登录时间：2018 年 1 月 10 日。

规则，以 BOT 模式与缅甸开展合作，缅甸可以最终成为合资项目的最大收益方。2014 年 7 月，缅方宣布，中缅磋商多年的中缅皎漂—昆明铁路工程计划搁浅，搁浅原因，除了日本搅局、铁轨宽窄标准较难达成一致等因素之外，还有缅方理念滞后。笔者 2014 年 7 月在缅甸与时任吴登盛总统首席政治顾问吴哥哥莱谈及此事，他说，缅甸人对 BOT 模式不太理解，难以接受，担心中国公司在运营铁路二三十年后，交给缅甸的是一个基本废弃的铁路，缅甸无法再从中获益。笔者听到此话时感到诧异，回答说，中企运营铁路时必然精心维护，因为中企与世界上很多国家开展合作项目，需要维护国际声誉。

四是缅北冲突使得缅甸通道作用难以发挥。政府军与克钦独立军、果敢同盟军、德昂民族解放军等多支"民地武"冲突仍在持续，短期难以结束，实现彻底和平尚需时日，时而有缅甸边民入境云南避难。缅北掸邦和克钦邦与云南、西藏接壤，是中缅跨境设施联通以及中缅经济走廊的必经之地。缅北打打谈谈的窘境威胁部分中缅大型跨国联通设施的安全，影响部分项目的顺利建设或者安全运行。

五是缅甸西部若开邦局势愈演愈烈。缅甸佛教徒与罗兴亚穆斯林矛盾尖锐，族群冲突频发，2017 年难民危机迟迟得不到解决。2018 年 12 月缅甸军方宣布的停火区域不包括若开邦和钦邦，缅军与在此活跃的若开军持续交火。2019 年 1 月 18 日，缅甸国防军说，缅甸政府已将若开军定为恐怖组织，不再算作少数民族武装组织，要尽快消灭。① 若开邦局势将进一步恶化，给中缅油气管道顺畅运营蒙上阴影，也使中缅皎漂港及经济特区项目建设存在安全隐患。

（三）贸易畅通方面，有喜有忧

1. 中缅贸易发展有些积极进展

近年来，中缅双方加快在边境贸易区的物流通关、货币结算及促进边贸转大贸工作等方面合作，以促进两国贸易持续、快速发展。2017 年 5 月，为促进中缅边境贸易，中缅建设边境经济合作区，并展开可行性研

① 《缅甸军方说政府已将若开军定为恐怖组织》，新华社，2019 年 1 月 19 日，http://www.xinhuanet.com/world/2019-01/19/c_1124013509.htm，登录时间：2019 年 1 月 19 日。

究，编制合作区实施方案和建设规划。两国边贸及正常贸易的发展未来总体向好。据中国商务部的数据，2017 年中缅贸易额为 135.4 亿美元，增长 10.2%。2018 年 1—8 月，双边贸易额为 104 亿美元，增长 21.6%。①

2. 贸易方面存在一些亟须解决的问题

一是中缅总体贸易存在失衡。缅甸对华常年是贸易逆差，双方贸易结构失衡，缅甸对华出口的主要是农副产品、能源、矿产品、玉石等初级产品，自华主要进口工业品。② 根据中国商务部数据，2017 年，双边贸易额达 135.4 亿美元，同比增长 10.2%，其中中方出口额为 90.1 亿美元，进口额为 45.3 亿美元，顺差达 44.8 亿美元。③

二是缅北地区形势不稳，威胁中缅边贸畅通。由于缅北冲突频发，木姐—姐告等滇缅边贸口岸经常受到波及，有时被迫暂时关闭，两国贸易流通频受影响。缅甸一侧边境线和边境口岸，部分由缅甸政府和政府军控制，部分则由缅北多支“民地武”控制。这种状况导致缅甸各个口岸管理不太一致。加之，缅甸当局及“民地武”中均有腐败人员，普遍在口岸及口岸附近道路吃拿卡要。中方企业、车辆、人员需要多头应付，人财物方面都有损失，增高了成本，通关效率降低，影响两国经贸合作和人员往来。

三是缅甸口岸电子化、信息化程度有待提高。两国海关在信息互换、监管互认、执法互助、检验检疫、认证认可、标准计量、统计信息等方面的双边合作存在欠缺，两国通关规则和手续办理尚不能一致化和一体化，通关成本有待降低，通关能力急需提升。这些因素都影响了通关效率，影响了物流、人流。

四是两国边境非法贸易猖獗。中缅漫长边境线基本没有铁丝网、隔离墙等障碍物，很多地方缺乏大山、沟壑、大河等天然隔断，便道多、小道多，边境管控又存在一些问题，边境两侧人员到对方国家“打黑工”的现

---

① 《中国—缅甸经贸合作简况》，中国商务部亚洲司，2018 年 11 月 21 日，http://yzs.mofcom.gov.cn/article/t/201811/20181102808844.shtml，登录时间：2018 年 12 月 30 日。

② 《2016 年 1—12 月我对亚洲国家（地区）贸易统计》，中国商务部亚洲司，2017 年 2 月 6 日，http://yzs.mofcom.gov.cn/article/g/date/201702/20170202510057.shtml，登录时间：2018 年 1 月 10 日。

③ 《中国同缅甸的关系》，中国驻缅大使馆，2018 年 11 月 1 日，http://mm.china-embassy.org/chn/zmgx/t1609034.htm，登录时间：2018 年 12 月 30 日。

象突出。中国经济比缅甸发达，对很多商品的需求甚大。因此，缅甸大米等粮食、牛、玉石、矿产、木材等物资大量非法运往中国，缺乏合法的通关手续或检验检疫手续，这不仅损害了中缅正常贸易秩序和边境地区社会治安，也切实给云南等中国多地民众的健康带来威胁。

五是两国边贸通道不够畅通。目前，中缅边境路况不佳，拥堵严重，影响了两国物流效率，是边贸发展的瓶颈之一。而且，中缅运输车辆跨境到对方国土后，可以行驶的地理范围有限，时间期限也短，经常需要对方国家换车接货、接人，再接着运输到对方国家不同地区。这种状况既增加成本，还影响运输效率。

（四）资金融通方面，中国投入多，问题相应也多

中缅金融合作在高起点上稳步前进。中国对缅协议投资总量较大，项目多，稳居缅甸第一大投资国。此外，2019 年 1 月，缅甸央行宣布人民币为官方结算货币。缅甸中央银行 1 月 30 日发布通告，为促进国际支付与结算和边境贸易发展，准许使用人民币和日元作为结算货币进行国际支付。缅甸央行一名负责人说，人民币纳入结算货币后，缅中边贸支付和结算将更加便利。[①] 但目前，双方在投资方面存在若干问题。

1. 中国近年来大型合作项目推进不畅，甚至遭遇挫折

缅甸 2016—2017 财年，中国对缅投资额同比下降较大。[②] 主要原因是，缅公民社会兴起，工会增多，工人权益诉求高，并受反华西方非政府组织和媒体挑唆，对中资抗议言行激烈，一些重大投资合作项目落实出现问题，如，密松电站建设长期被搁置、莱比塘铜矿长期遭遇抗议、皎漂经济特区项目迟迟难以开工等，由此，中企担心对缅投资（增资）的安全。2017 年 2 月 23 日，缅甸仰光一间中资服装厂发生打砸抢劫事件，数百名罢工工人冲进厂内，抢劫多名中国籍工人财物，并一度短暂

① 《缅甸央行宣布人民币为官方结算货币》，新华社，2019 年 1 月 30 日，http：//www. xinhuanet. com/fortune/2019 - 01/30/c_ 1124066814. htm，登录时间：2019 年 1 月 30 日。

② “Yearly Approved Amount of Foreign Investment（By Country）”，The Directorate of Investment and Company Administration，Myanmar，March 31，2017，http：//www. dica. gov. mm/sites/dica. gov. mm/files/document-files/fdi_ yearly_ by_ country. pdf，登录日期：2017 年 7 月 6 日。

禁锢7名中国籍工人。此事引发轰动，对中企负面影响较大。此外，缅甸出现了一些“职业示威组织者”，这些人专门煽动、组织工人罢工、示威，或者向工人传授罢工、示威经验，待一批工人通过示威提高待遇后，这些“职业示威组织者”从中获得“提成”，再“转战”其他企业。还有一些工人或者民众，在西方组织资助下，抗议莱比塘铜矿等中缅大型合作项目。

2. 缅甸经济对外资依赖较大，外债高企

截至2018年10月，缅方吸引的外资总量高于缅甸2017年的GDP，这说明缅甸经济对外资依赖较大。目前，缅甸外债高达100亿美元，其中40亿来自中国，且中国贷款利率（4.5%）高于其他国家。① 同时，缅甸金融体系落后、脆弱，现代化、国际化水平低，大额跨国资金流通不畅。证券市场刚刚起步，目前只允许本国少量企业上市，中企或者中缅合资企业要在缅甸证交所上市融资较为困难。民盟执政以来，缅币贬值幅度较大，2016年通胀率约为10%。② 中国与缅甸在推进“一带一路”合作中，一些大型基础设施合作项目工期长、成本高、回本周期长，而缅甸偿债能力差，这也增加了中国投资在缅甸推进项目时的风险。缅甸还经常将中国与日本的优惠条件比较，认为中国贷款利率较高，不愿使用。

（五）民心相通方面，出现一些积极进展，但挑战和问题也较多

人文交流与民心相通是中缅关系的重要方面，也是双方领导人积极推动的双边关系发展领域。2017年4月10日，习近平在会晤吴廷觉时表示，双方要丰富两国人文合作内涵，加强文化、教育、青年、卫生、旅游、媒

---

① “Loans from China Must Be Repaid ‘As Early As Possible’”, *The Irrawaddy*, January 25, 2019, https://www.irrawaddy.com/news/burma/loans-china-must-repaid-early-possible.html, 登录时间：2019年1月30日。

② “World Economic Outlook Database, October 2016”, The International Monetary Fund, http://www.imf.org/external/pubs/ft/weo/2016/02/weodata/weorept.aspx? pr.x=62&pr.y=12&sy=2016&ey=2017&scsm=1&ssd=1&sort=country&ds=.&br=1&c=518&s=NGDP_RPCH%2CNGDPD%2CNGDPDPC%2CPCPIPCH%2CLUR%2CGGXWDG_NGDP&grp=0&a=, 登录时间：2017年7月6日。

体、宗教等人文领域交流合作，不断夯实两国友好民意基础。[①]

1. 中国在缅形象有所改善

"一带一路"倡议提出以来，两国人文交流等领域也出现积极进展，这是两国关系发展日益重要的内容之一。两国民间机构与有识之士近年来做了大量工作来改善中缅民间认知，加强民间往来，引导两国大众对彼此形成积极看法，为中缅关系稳定发展保驾护航，为两国拓展"一带一路"合作创造良好气氛。一些中国企业和民间组织重视在当地的社会责任，积极开展减贫、环保和人道主义救援工作，一定程度上改善了中国企业在缅甸的国家形象。

智库对话方面，2016 年 5 月，中国现代国际关系研究院举办中缅智库学者对话会，探讨民盟政府执政后两国关系发展。2017 年 5 月中旬，云南社科院和德宏州中缅关系研究所共同举办"首届中缅智库高端论坛"，两国智库学者就深化两国"一带一路"合作等问题展开细致讨论。2018 年 5 月，第二届中缅智库高端论坛在云南德宏举行，助力中缅经济走廊建设。

文化方面，2017 年 1 月 28 日（大年初一），由中国侨联主办，云南省侨联、云南省西双版纳州侨联、云南省国际民间组织合作促进会、仰光卓越语言教育中心共同承办的"亲情中华，欢聚仰光"大型春节联欢晚会在仰光唐人街隆重举行，中国驻缅甸大使洪亮及夫人、缅甸民盟荣誉主席吴丁乌、仰光省省长吴漂敏登、仰光省议会议长吴丁貌吞、八八世代学生组织秘书长吴哥哥基、各大侨团主要领导等出席了系列活动的开幕式并为活动剪彩。

医疗方面，2016 年 10 月，云南民间国际友好交流基金会与云南省卫生计生委、云南省第二人民医院联合组成医疗队，赴仰光顺利实施了"光明行"项目，帮助缅甸白内障病人复明。2017 年 2 月 21 日，中国驻缅使馆捐助的杜庆芝妇产医院新楼奠基仪式在仰光举行，升级改造后的杜庆芝医院将是一所设备完善、功能齐全的妇产医院，也是第一所中缅友好医院。2017 年 8 月 24 日，中国紧急援助缅甸的抗甲型 H1N1 流感医疗物资运抵缅甸仰光并向缅方交付。[②]

---

① 《习近平同缅甸总统吴廷觉举行会谈》，新华网，2017 年 4 月 10 日，http://news.xinhuanet.com/politics/2017-04/10/c_1120783868.htm，登录时间：2018 年 3 月 2 日。

② 《中国援助缅甸抗甲型 H1N1 流感医疗物资交付》，新华社，2017 年 8 月 25 日，http://www.xinhuanet.com//politics/2017-08/25/c_1121538902.htm，登录时间：2018 年 3 月 10 日。

宗教交流方面，佛教在缅甸具有重要地位，两国佛教徒间的交往非常密切。2016 年 8 月，缅甸发生 6.9 级地震，佛教名城蒲甘的众多佛塔受损，中国专门派出专家参与缅甸修缮工作。中国专家还为蒲甘文物管理处 40 余位文物管理和专业技术人员进行培训讲座。2017 年 12 月，中国藏文化交流团走访缅甸高僧委员会、缅甸南传佛教国际大学，双方就宗教文化习俗及双边合作事宜进行了交流。①

人员培训方面，2017 年，中国商务部为缅甸各部门、各行业安排短期培训项目达 168 个，其中多边官员研修班 126 个，多边技术培训班 31 个，双边班 11 个。培训 637 人，其中多边官员研修班 303 人，多边技术培训班 92 人，双边班 206 人，学历学位项目（研究生项目）36 人。②缅方提供的数据显示，中国是为缅甸提供短期培训最多的国家，培训人数远远高于其他国家。2018 年 11 月 2 日，由中国科技部支持，海南医学院第一附属医院和香港中文大学承办，缅甸仰光第一医科大学附属仰光中心妇女医院协办的对发展中国家科技援助培训班——“东盟地区重大热带疾病的防治与诊疗技术培训班”开幕式暨“中缅区域性重大疾病研究中心”揭牌成立仪式在缅甸仰光第一医科大学附属仰光中心妇女医院举行。③

教育方面，2016 年 8 月 5 日，由中国扶贫基金会主办的“胞波助学金启动项目暨中国扶贫基金会缅甸办公室成立仪式”在缅甸仰光举行。基金会将为仰光经济学院、大光大学和西仰光大学、东仰光大学的 600 名家境贫寒大学生发放为期 4 年的助学金。④ 2017 年 1 月，山西省人民政府外事办、中冶集团缅甸分公司、向阳国际教育投资有限公司与缅甸仰光省领导

① 《中国藏文化交流团与缅甸佛教界交流》，新华社，2017 年 12 月 18 日，http://www.xinhuanet.com/2017-12/18/c_1122131036.htm，登录时间：2018 年 3 月 10 日。

② 《2017 年中国政府为缅甸政府培训各类人员 637 人》，中国驻缅大使馆，2018 年 1 月 18 日，https://www.fmprc.gov.cn/ce/cemm/chn/sgxw/t1526320.htm，登录时间：2018 年 4 月 5 日。

③ 《中国驻缅甸使馆杨守征参赞出席中国援助重大疾病防治培训班开幕式》，中国驻缅大使馆，2018 年 11 月 6 日，https://www.fmprc.gov.cn/ce/cemm/chn/xwdt/t1610621.htm，登录时间：2018 年 11 月 20 日。

④ 《胞波助学金启动项目暨中国扶贫基金会缅甸办公室成立仪式在仰光举行》，中国驻缅大使馆，2016 年 8 月 5 日，http://www.fmprc.gov.cn/ce/cemm/chn/sgxw/t1387574.htm，登录时间：2017 年 7 月 6 日。

举行会谈并达成共识，将合作筹建缅甸职业技术学院。[1] 4月6日，华为"未来种子"缅甸首批学生赴华学习团开营仪式顺利举办，来自仰光计算机大学和丹林科技大学的十位被选中的优秀学生参加了仪式。根据中缅领导人达成的共识，2016年10月，中国驻缅使馆积极建设"中缅友谊学校"，得到缅甸教育部大力支持。截至2018年6月，在缅甸已建成20所"中缅友谊学校"，覆盖了缅甸大多数省邦，为中缅开展教育交流与合作提供了新的平台。[2]

2. **民心相通存在挑战与问题**

尽管当前中缅人文交流取得一定进展，但两国民间交流主渠道还是官方或半官方的，真正的民间直接往来还很欠缺，人文交流的规模、层次、广度与深度等远远不能符合中缅关系发展需求。民心相通是中缅关系短板，难以促成两国民间建立友好认知，难以成为有力维护中缅关系稳定的支柱，难以为中缅推进"一带一路"合作创造足够友好的氛围。而且，中缅人文交流还落后于美国、欧盟、日本等，并受到后者的竞争乃至挤压。中缅民心相通的挑战与问题主要有以下几个方面：

一是上届吴登盛政府时期建立了中缅圆桌对话会等民间交流机制，民盟执政后，没有继续这些对话机制，或者新建一些类似的高端对话机制。

二是缅北冲突导致两国民众对彼此误解与不满，损害两国民间友好情感。

一方面，缅甸部分民众和媒体怀疑乃至炒作中国支持缅北"民地武"对抗缅中央政府。中缅边境地区跨境民族多，边境线缅方一侧部分由政府军控制、部分由多支"民地武"控制，较难管控，因此，边境黄赌毒等跨国犯罪猖獗，部分边民越境从事走私玉石、走私木材、贩卖人口等非法行为，破坏中国在缅整体形象，引发了缅甸人误解。比如，缅甸网上流传极端反华歌曲《曼德勒之死》，诬称中国人抢占曼德勒好地，挤占当地人生存空间。缅甸部分媒体、组织、人士对华态度受西方挑唆，其疑虑存在夸大成分。另一方面，缅北冲突发生在缅境内，但云南边境经常遭殃，时而

---

① 《缅甸仰光省将与中国山西省合作共建缅甸职业技术学院》，缅华网，2017年1月5日，http://www.mhwmm.com/Ch/NewsView.asp?ID=20571，登录时间：2017年7月6日。

② 《"中缅友谊学校"青年教师团访华》，中国驻缅大使馆，2018年6月12日，http://mm.china-embassy.org/chn/xwdt/t1567994.htm，登录时间：2018年6月12日。

出现人员伤亡和财产损失，边民入滇避难，影响当地正常生产生活和社会治安，引发中国民众不满。

三是中缅教育、文化交流不能适应两国关系发展的需要。

中缅高等教育合作、智库学者间的交流明显落后于西方国家。美国、日本、欧盟、东盟的大学和智库研究机构与缅甸大学、智库等合作很多。美、欧、日、韩等正在增加对缅学生的奖学金，降低招收缅甸留学生的语言门槛，以吸引更多缅甸留学生，培养更多亲西方缅甸精英，加强在缅影响力，有意与中国争夺在缅民心与影响力。

中国懂缅甸语、缅甸国情的高层次专业人才匮乏。缅甸缺乏有实力的中国研究中心，缅甸几大民族（除了华人）精英中，懂汉语、了解中国国情的人也较少，缅甸汉语教学主体是孔子课堂或者补习学校，不能像英语一样被纳入大中小学教育体系，缅甸大学孔子学院建设处于起步阶段。两国学者多数以英语为渠道研究彼此，偶尔会出现偏差。缅甸学者参阅西方资料研究中国和“一带一路”，会受到西方扭曲乃至抹黑中国的舆论影响，对中缅推进“一带一路”合作不利。

四是在媒体方面，中国电视、广播等媒体在缅甸受众较少，难以塑造中国改革开放的良好形象，难以较为广泛、透彻地向缅甸各界宣传“一带一路”倡议进展。

西方英语报纸、网络等各种媒体在缅甸全面铺开，连日本广播协会（NHK）的缅甸语广播受欢迎程度都要强于中国广播的缅甸语节目。当前，缅甸只有华文报刊《金凤凰》、缅华网等少量华文媒体，但受众局限于缅甸华人，比缅甸语和英语媒体受众少得多。缅甸一些记者通过抹黑中国到美欧去领取新闻奖项，并获得西方资金支持。由于缅甸民间对汉语的学习与交流远远弱于英语，其民众很难阅读中国媒体的消息，对中国的了解大多通过阅读英语媒体，看到的多是负面消息，对中国的认知也就扭曲了。

中缅新兴媒体在双方人文交流中反而产生一定负面作用，对中缅关系中的问题起了推波助澜的作用。缅甸“脸书”（facebook）等新社交媒体，渲染中国企业在缅甸破坏环境等行为，煽动缅甸民众不满，使中缅经贸合作大项目莱比塘铜矿等频遭抗议。中国的微博、论坛等，认为缅甸政府军攻打果敢同盟军也就是打压缅甸华人，莱比塘铜矿受到调查是挑衅中国等，网上多次掀起反缅情绪。

五是中国民间组织在缅活动数量与质量与西方相形见绌，宣传不到位，常常是“雁过难留声”。

西方与缅甸民间交流的主要渠道是非政府组织。西方大批非政府组织或直接在缅甸开设分支机构，或与缅甸非政府组织合作开展活动，或资助缅甸非政府组织开展一些符合其宗旨的活动，或资助缅甸私营媒体宣传其活动。西方非政府组织与缅甸民众互动密切，对当地民众物质与精神层面的援助涉及医疗、教育、科技、经济发展、民主能力建设、维权等领域，惠及缅甸草根阶层，影响着缅甸民众的思维与行动，西方国家、企业和人员在缅甸民间形象也较好。

反观中国，中国深入缅甸基层民众的中小援助项目少，中国民间组织与缅甸非政府组织交流活动比美、欧、日少得多，在缅甸的常设分支机构、常设工作人员、长期项目、长期活动资金等都较少，中国科技、医疗、文化人员在缅甸“下乡”次数远远不够，在缅甸开展的活动多半是一两周的短期活动，宣传不到位，好人好事鲜为人知，不能有效提升中国在缅形象。

六是中国在缅大型投资项目集中在能源资源领域，中国有的企业财大气粗、作风粗暴，等等，与缅甸人发生摩擦增多。

缅甸人认为，中国对缅投资给缅甸带来一些利益，也产生负面影响。缅甸民间对中国企业负面的印象和批评主要有：企业奉行“重商主义”，过分逐利，从缅甸拿得多、给的少；项目大量征地和移民，使缅甸农民失去生产和生活资料；破坏缅甸生态环境，将大量资源输往中国；企业信息不透明，涉嫌滋生缅甸官员腐败；中国将优质产品出口西方，而将劣质乃至假冒产品输入缅甸，危害缅甸民众健康，歧视缅甸民众；企业忽视对缅甸医疗、教育、通信、交通的投入，在当地很少履行社会责任，等等。由于中企多奉行只做不说或多做少说的原则，很多惠民举措不为人知，没能在当地民间树立良好形象。缅甸及西方反华人士、团体专门收集和炒作有关中国企业的负面新闻，忽视中国企业在当地的诸多善举，给其扣上“损害环境、恶化民生、攫取资源”等“黑帽”，煽动缅甸民众对中国企业的反感情绪。①

① 这是笔者 2011—2016 年多次赴缅甸考察，综合得出的信息。

二　对策建议

第一，要多管齐下，让缅甸各界人士更细致、更全面地了解“一带一路”。中国驻缅使领馆和经商参处、在缅中国企业商会、在缅民间机构、在缅企业等机构的人员和网站，要用缅语和英语持续不断、动态地宣传“一带一路”倡议的细节及进展状况。中国还要专设资金和项目，支持缅甸智库壮大发展“中国研究中心”，支持中国与缅甸的高校和智库加强关于“一带一路”的联合研究，联合举办学术会议，为双方拓展“一带一路”合作提供更强有力、更可行的智力支持，为中国与缅甸开展人文交流和民心相通建立更坚实的智力支持和平台支持。中国要与缅甸政府和媒体、商界、学界等各界合作，尽量让关于中国、关于中缅合作、关于“一带一路”的正确信息在缅甸更多传播，在缅甸社会掌握一定话语权，压缩谣言空间，为两国拓展“一带一路”合作创造良好的舆论氛围。

第二，在政策沟通方面，需要进一步做好政策对接。只有让双方发展政策更加契合，才能探寻更多互惠互利、务实可行的合作点，才能让“一带一路”合作有力带动双方共同发展。中国作为大国，应该时刻注意缅甸作为中等国家的诸多心理特点和行为特色，特别注重缅甸的“合作舒适度”，给予其足够尊重，更多倾听对方诉求，要减少双方利益诉求的“错位”情况，这样才能减少缅甸对华疑虑，增强对华合作积极性。尤其是，中国政府涉缅官员、企业人员、游客、留学生、学者等经常直接与缅甸打交道的主体，更应该多去深入了解缅甸国情、社情、风土人情，言行要更加谦和，照顾缅甸民众自尊心。

第三，在设施联通方面，中国也要进一步对接好自身需求与对方需求。比如，修建跨境道路时，要尽量与缅甸国内的道路联通规划相契合，这样才能获得对方国家和民众的支持，使跨境道路有更多的人流物流，更快带动道路沿线地区的发展。

第四，在贸易畅通方面，双方在跨境口岸通关便利化方面仍有巨大提升空间。中国与缅甸扩大贸易量的另一个方面是要加快推进产能合作。如果双方的产能合作加强，势必带动双方投资与人员往来，势必推动双方经济更快发展，势必推动双方市场容量持续扩大，势必带动双方就业的提升，造福双方百姓。

第五，在投资方面，要探索建立中缅双方都认可的投资合作发展模式。中国对缅甸投资要重点投向缅甸希望投资的农业、农产品和工业产品加工、旅游业等行业，增强缅甸民族工业发展能力，扩大其出口能力，提高缅甸参与“一带一路”的积极性，实现两国合作的可持续发展。中缅投资项目还要注重推进环境友好型的投资模式，更加积极地履行企业社会责任，与当地民众加强互动，树立良好企业形象。

第六，在民心相通方面，要减少双方民间对彼此的误解与不满情绪，两国必须加强“深入基层走群众路线”的人文交流，努力塑造“双方民众对彼此友好情感”的格局。只有双方民间感情基础牢固了，中缅关系才会长久稳定发展，“一带一路”合作才会有更良好的氛围。中国对缅援助应更多以契合缅民众需求、受欢迎、花费少、见效快、受惠广、长期性的中小民生项目为主，让缅甸人更多、更直接地感受到中缅合作带来的“浓浓暖意”。中国要鼓励更多学者、商人、媒体精英、民间组织人士等各界人士，加强与缅甸的人文交流，去当地开展社会公益事业，用当地语言、在当地主流媒体和人群中讲好中国故事，扩大朋友圈，用中国声音和理念去增信释疑，增强对缅甸官、商、学、媒、民等各界的影响，提升缅甸各界对华的认知度和好感度，增进民心相通，改善中国在缅甸的形象，为“一带一路”建设在缅甸的推进奠定良好的民间友好感情基础，提升当地人对“一带一路”的支持度。

此外，在推动中缅民心相通的过程中，在中缅推动“一带一路”合作的过程中，还要高度重视两点。一是要注重发挥在缅华人华侨的桥梁作用、融通作用，因为他们对当地了解透彻，融入当地社会与文化较深，人脉广泛，经商者多，容易结合中缅两国的视角去综合考虑问题，容易用缅甸人听得懂、乐于接受的方式来讲好中国发展故事，介绍好“一带一路”，传播中国文化和中国“好声音”。二是不管是促进中缅的民心相通，还是拓展双方“一带一路”合作，人才是关键，而双方缺乏足够多的复合型人才去推动“一带一路”合作。双方要重视采取“语言＋专业”的模式，尽快培养一批既懂得对方语言，又掌握双方诸多领域合作急需专业知识的人才，如国际关系、经贸、金融、科教文卫、农林、交通、环境、跨文化交际等多学科知识背景的复合型人才。

Progress and Challenges of China-Myanmar Cooperation in the Context of the BRI under Myanmar NLD Administration

Song Qingrun　Liu Jinwei

Abstract　Myanmar has an important geographical position, plentiful resources, and good prospects for development. Myanmar is a significant state in China's peripheral diplomacy, a crucial country along the Belt and Road Initiative route, and a potential partner competed for by countries within and outside the region. China and Myanmar are linked by the mountains and rivers, calling each other Pauk Phaw ("brother" in Burmese language) for a long time. In 2011, China and Myanmar established a comprehensive strategic partnership of cooperation. Since the National League for Democracy (NLD) came to power on March 30, 2016, Sino-Myanmar relations have been continuing to develop amicably. China needs the support and cooperation of Myanmar to promote the construction of the BRI, and Myanmar's participation in the BRI will not only boost its economic development, but also help Myanmar speed up its integration into regional cooperation and improve its international status. The two countries have made substantial progress on the connectivity of policies, infrastructure, trade, finance and people. There are broad prospects for mutually beneficial Sino-Myanmar cooperation as well as many challenges posed by outside powers.

Key Words　China; Myanmar; NLD Administration; BRI; Cooperation

Authors　Song Qingrun, Ph. D., Associate Professor, Institute of American Studies, China Institutes of Contemporary International Relations (CICIR); Liu Jinwei, Associate Research Fellow, Institute of Southeast Asian & Oceanian Studies, China Institutes of Contemporary International Relations (CICIR).

菲律宾学界对“一带一路”倡议的评述与思考

郑友洋

【摘要】2018年，菲律宾正式成为“一带一路”倡议的合作国家。本文重点分析近两年菲律宾学界对“一带一路”倡议的解读。菲律宾学界的评述与思考体现出期待和担忧并存的心态。他们期待“一带一路”与本国中长期规划对接，促进基础设施建设和贸易的发展。“一带一路”倡导的互惠共建原则也是菲律宾人重视的价值观。菲律宾学界的担忧一方面针对中国，认为“一带一路”可能伤害本国利益；另一方面针对本国政府，担心它的腐败与能力不足的问题。

【关键词】“一带一路”倡议 中国 菲律宾

【基金项目】2018年度教育部人文社会科学重点研究基地重大项目“中国与东南亚的文学和文化交流研究”（18JJD750005）

【作者简介】郑友洋，北京大学外国语学院，博士研究生。

关于“一带一路”沿线国家对这一倡议的认识与参与程度，中国学术界目前已有不少研究成果。这些研究通常以具体国家的不同社会群体为讨论的基础，梳理各国政府、媒体、学术界、商业界及普通民众对“一带一路”倡议的基本态度和看法。例如，《印尼对中国“一带一路”倡议的认知和反应述评》一文表明，印尼政府部门与相关利益群体整体上对“一带一路”倡议抱有积极的认知与反应，知识界精英则保持谨慎、怀疑甚至批评的态度;[①]《日本对“一带一路”的认知变化及其参与的可行性》一文反映了日本政府对“一带一路”的认知转变最为明显，工商界从一开始就普遍关注该倡议，学界对此的关注度逐渐提高，民众对中日关系的预期有显著改善趋势的特点，其中学界主要从国家利益的角度出发分析该倡议面临的困难，并担忧它对日本可能产生的消极影响;[②]《“一带一路”倡议在阿拉伯世界的传播：舆情、实践与建议》一文指出，阿拉伯世界的学者、媒体和民众对“一带一路”倡议兴趣浓厚，对该倡议的建议或委婉的批评主要来自阿拉伯学者与媒体。[③] 综观上述研究，各国的学术界人士是对“一带一路”倡议持保留或批评态度的主要群体。因此，充分了解这一群体针对“一带一路”发表的不同意见对于全面深刻地把握沿线国家对该倡议的认识具有重要意义。

在“一带一路”沿线国家之中，关于菲律宾对“一带一路”的认识，国内的研究还很少。《菲律宾社会对中国“一带一路”倡议的反应》一文观察了菲律宾政府、媒体和民众对中国政策与中菲关系的态度，指出在“21 世纪海上丝绸之路”倡议提出后，菲律宾社会的关注点仍集中在中菲之间的领土争端上。[④] 2017 年 5 月，菲律宾总统杜特尔特来华出席了首届“一带一路”国际合作高峰论坛。2018 年 11 月，在习近平主席对菲律宾进行国事访问期间，两国共同签署了《共建“一带一路”合作谅解备忘录》。2019 年 4 月，杜特尔特来华出席了第二届“一带一路”国际合作高峰论坛。习近平主席在同其会见时谈到，过去三年中菲关系完成转圜、巩固、提升“三部曲”，步入新的发展阶段。[⑤] 受政府高层间积极互动的影响，菲律宾社会对“一带一路”倡议的关注度逐渐提高。在中菲关系向好的背景下，菲律宾社会各界对于加入“一带一路”倡议的决定以及对倡议的具体

---

① 米拉、施雪琴:《印尼对中国“一带一路”倡议的认知和反应述评》,《南洋问题研究》2016 年第 4 期，第 79 页。

② 王义桅、崔白露:《日本对“一带一路”的认知变化及其参与的可行性》,《东北亚论坛》2018 年第 4 期，第 100 页。

③ 薛庆国:《“一带一路”倡议在阿拉伯世界的传播：舆情、实践与建议》,《西亚非洲》2015 年第 6 期，第 42—44 页。

④ 吴杰伟:《菲律宾社会对中国“一带一路”倡议的反应》,《南洋问题研究》2016 年第 4 期，第 32 页。

⑤ 王卓伦:《习近平会见菲律宾总统杜特尔特》，新华网，2019 年 4 月 25 日，http://www.xinhuanet.com/politics/2019-04/25/c_1124415361.htm，登录时间：2019 年 4 月 26 日。

实施抱有哪些想法，这是一个值得关注的话题。

在既有研究的基础上，本文将重点梳理近两年来菲律宾学界对“一带一路”倡议的讨论。通过总结专家学者、评论员或研究机构的观点，本文试图从不同方面呈现菲律宾学界对“一带一路”倡议所怀的期待与担忧。他们传递出的声音既有与其他国家相似的地方，也体现了菲律宾具体的国情特点。本文将针对这些情况提出相应的建议，以期促进“一带一路”倡议在菲律宾的进一步落实和推动。

一 菲律宾社会对“一带一路”倡议的总体认知

东南亚地区是“21 世纪海上丝绸之路”的首倡之地、推进“一带一路”建设的优先方向和重要伙伴。从整体上看，东南亚地区与中国的互联互通水平在“一带一路”沿线国家中是比较高的。根据 2017 年“一带一路”沿线国家与中国的政策沟通、设施联通、贸易畅通、资金融通和民心相通情况的评估数据（五通指数），东南亚地区继续蝉联各大区域之首。在东南亚 11 个国家中，菲律宾排在第 7 名，在数据涉及的 94 个国家中菲律宾排名第 23。可见，总体而言菲律宾与中国的合作沟通情况在“一带一路”沿线国家中是较为突出的，而在东南亚的区域视角下，中菲两国的互联互通水平还有广阔的发展前景。推动中国与菲律宾在“一带一路”框架下的深入合作对于巩固中国与东南亚国家的往来联系意义深远。

中国对于东南亚在“一带一路”倡议中的重要角色有积极的认识。与我们的研究和关注热度相比，东南亚社会对这一倡议的总体认识还比较有限。根据一项 2017 年的问卷调查，在前来中国（广西）国际青年交流学院研修的东南亚四国（文莱、印度尼西亚、菲律宾、泰国）青年干部中，有 64% 的学员在来华前对“一带一路”倡议没有任何了解。他们的年龄在 21—43 岁，身份有公务员、媒体从业人员、教师、学生、企业管理者，等等。[①] 在这些来自社会各界的东南亚的青年人中间，对“一带一路”倡议感到陌生的比例超过 50%。这个现象有一定的代表性，说明“一带一路”倡议尚未在更广泛的东南亚社会群体中产生影响。

---

① 陈胜辉、杨健羽、李小艺：《东盟青年对“一带一路”倡议的认识与建议——基于对文莱、印度尼西亚、菲律宾、泰国青年的调查》，《广西青年干部学院学报》2017 年第 3 期，第 6—7 页。

在菲律宾，媒体对“一带一路”倡议的宣传报道随着中菲两国关系的转暖以及领导人之间互动的加强而变化。根据《菲律宾社会对中国“一带一路”倡议的反应》一文，2016 年 10 月之前菲律宾媒体对“一带一路”的关注度很低，当时媒体聚焦的话题是南海领土争端。① 自 2016 年 10 月 18 日杜特尔特总统首次访华后，菲律宾媒体对“一带一路”的报道便日益频繁。在《马尼拉公报》《每日问询者报》及《马尼拉时报》等主流媒体上，关于“一带一路”的新闻绝大部分发表于 2016 年 11 月之后。在这一时间点之后，《马尼拉时报》的网页上共有 19 条涉及“一带一路”的报道，《每日问询者报》为 22 条，发行量最大的英文报纸《马尼拉公报》则有 196 条。这些报道中不乏对“一带一路”的正面宣传，例如它不同于马歇尔计划，是促进全球发展的新方式、是一个双赢的方案；菲律宾和东盟都能从中获益等。② 这表明在高层互动的影响下，菲律宾媒体不仅对“一带一路”给予了高度关注，而且对这一倡议表现出较为积极的态度。

尽管菲律宾的本土媒体开始对“一带一路”进行更多的宣传，菲律宾民众对这一倡议的认识情况却没有出现大的变化。2016 年 7—9 月，笔者曾在菲律宾邦板牙省安赫莱斯市进行田野调查。在调查过程中，笔者所接触的当地市民无一人听说过“一带一路”。在上述 2017 年的问卷调查中，菲律宾青年与其他的东南亚青年一样，来华前对“一带一路”倡议的了解程度很低。“菲律宾学员认为，应该多向普通民众，特别是草根群体宣传和解释‘一带一路’倡议的含义，加深民众对‘一带一路’的认识。”③ 这说明即使在 2016 年 11 月之后，菲律宾媒体对“一带一路”的宣传也没有触及绝大部分的民众。笔者曾对前来北京大学任教的菲律宾外籍教师 T 进行访谈。T 来自菲律宾著名高校雅典耀大学，他同样表示自己在来华前从未听说过“一带一路”。他们的回答说明，在两国关系改善前后，从菲律宾的普通民众到精英知识分子，他们对“一带一路”的了解程度没有发生明显变化。政府高层的友好往来与当地媒体的加强宣传，在促进菲律宾

① 吴杰伟：《菲律宾社会对中国“一带一路”倡议的反应》，第 33 页。

② Search Results for “Belt and Road”, *The Manila Times*, https://www.manilatimes.net/page/2/? s = belt + and + road, Search Results for “Belt and Road Initiative”, *Manila Bulletin*, https://news.mb.com.ph/page/2/? s = belt + and + road + initiative，登录时间：2018 年 4 月 9 日。

③ 陈胜辉、杨健羽、李小艺：《东盟青年对“一带一路”倡议的认识与建议——基于对文莱、印度尼西亚、菲律宾、泰国青年的调查》，第 10 页。

民众对“一带一路”倡议的认知方面效果并不显著。

与民众对“一带一路”较低的认识程度不同，菲律宾学界从2017年以来对这一倡议展开了积极评述。这些评述围绕“一带一路”的内容与目标、菲律宾将如何从中获益以及菲律宾加入“一带一路”后可能面临的挑战等方面展开。其中，菲律宾学者在对“一带一路”进行介绍和阐释时，主要关注的是它所反映的国内外政治、经济背景。

理查德·海达里安（Richard Javad Heydarian）曾任德拉萨大学的政治学助理教授，现为菲律宾GMA广播电视公司和《马尼拉时报》等机构的政治评论员与学术专栏作家。在他为一家菲律宾战略研究型智库（The Stratbase ADR Institute）撰写的评论文章《21世纪丝绸之路：中国“一带一路”倡议的风险与机遇》中，他将“一带一路”的动机阐释为“国内经济的再平衡”与“提高中国在资源丰富地区的战略影响力”。前者的目标包括通过“一带一路”促进中国内陆欠发达地区的发展、输出国内过剩的基建产能、帮扶国企等。后者指的是“一带一路”将应对美国及其盟国对海上航线的统治，通过深化与友好邻国的合作在海上寻求立足点，获得对中国的长期发展意义重大的商品，并在新兴市场上推广中国的科技工业标准。他认为“一带一路”倡议是中国转型成为真正的超级大国的关键。①其他菲律宾学者对“一带一路”目标的分析与海达里安的两个论点基本一致。例如，“菲律宾对外关系委员会”（Philippine Council for Foreign Relations）智库成员阿伦·吕贝纳（Aaron Jed Rabena）认为，“一带一路”对中国来说是一项国内发展战略，它通过促进中国与海外市场的连接增加经济欠发达地区的机会；从外在视角来看，中国是最依赖南中国海这一战略运输海路的国家，“一带一路”是对2011年美国“重返亚太”的再平衡战略的回应。②

菲律宾学者总体上认为“一带一路”倡议的提出是基于国内经济发展的需要与地缘政治因素两方面的考虑。这与“一带一路”沿线国家学者的

① Richard Javad Heydarian, “The 21st century silk road: perils and opportunities of China's Belt and Road Initiative”, 21 June 2018, https://adrinstituteblog.files.wordpress.com/2018/06/the-21st-century-silk-road-perils-and-opportunities-of-chinas-belt-and-road-initiative.pdf, pp. 24 - 31，登录时间：2018年6月24日。

② Aaron Jed Rabena, “The Complex Interdependence of China's Belt and Road Initiative in the Philippines”, *Asia Pacific Policy Studies*, No. 5, 2018, pp. 685 - 686.

分析思路类似。例如，印尼中国研究中心主任、中国问题研究专家瑞内·帕提拉加瓦内（Rene Pattirajawane）认为“一带一路”倡议是中国针对国际市场需求下降、中国经济将出现疲软而做出的发展战略，重点是使中国在世界经济和政治问题上获得更多话语权、为消化中国在钢铁等行业的过剩产能创造机会。[①] 日本学界对“一带一路”的解读也是从地缘战略和国内产业结构调整的角度出发，认为这是中国突破美国亚太战略包围、转移国内经济剩余产能的方式。[②] 在理解和阐释“一带一路”倡议时，菲律宾学界采取的解读方式与其他国家学者的观点没有太大区别。

二 菲律宾学界对“一带一路”的期待：不可错过的发展机遇

除介绍“一带一路”倡议的相关背景外，菲律宾学界还十分关心自己的国家将如何从这一倡议中获益。学者们首先观察到的是“一带一路”倡议与杜特尔特任内的菲律宾国内发展战略互相契合，其次他们强调这一倡议具有互惠互利、共同发展的内涵。

在杜特尔特政府执政期间，菲律宾“正在经历自马科斯之后从未有过的基础建设爆发期”。[③] 菲律宾国家经济和发展局（NEDA）制定的长期规划愿景“我们的雄心 2040”（Ambisyon Natin 2040）中提到，为了提高商业竞争力需要发展道路、桥梁、机场和港口的建设以促进联通性。[④] 2017年4月，在马尼拉举办的杜特尔特经济学（Dutertenomics）论坛上，菲律宾政府正式推出名为“大建特建”（Build，Build，Build）的大规模基础设施投资计划。这一计划将使菲律宾在2017—2022年迎来“基础设施建设的黄金时期”。[⑤]“菲律宾发展计划2017—2022”提出要加大基础设施建设

---

① 米拉、施雪琴：《印尼对中国“一带一路”倡议的认知和反应述评》，第85页。

② 王义桅、崔白露：《日本对“一带一路”的认知变化及其参与的可行性》，第100页。

③ Richard Javad Heydarian，“The 21st century silk road：perils and opportunities of China's Belt and Road Initiative”，p. 35.

④ Rosemarie G. Edillon，“Ambisyon Natin 2040”，https：//www. dap. edu. ph/pmdp/wp-content/uploads/2016/09/Session-1-AmBisyon-Natin-2040-by-Dr. -Edillon. pdf，登录时间：2018年4月24日。

⑤ Leila B. Salaverria，“Dutertenomics：‘Golden age of infrastructure’”，*IFSEC Philippines*，7 November 2017，https：//www. ifsec. events/philippines/visit/news-and-updates/dutertenomics-golden-age-infrastructure，登录时间：2018年4月25日。

的投入力度，其 GDP 占比将从 2017 年的 5.4% 提至 2022 年的 7.4%。[①] 大规模的基础设施建设成为“杜特尔特经济学”的核心内容。杜特尔特曾表示，“一带一路”倡议与菲律宾目前推进的 2017—2022 年发展规划十分契合，也与“打造基础设施建设的黄金时代”的目标一致，两国有很大的合作空间。[②] 在这一背景下，菲律宾学界从本国发展目标出发，考察“一带一路”倡议将如何促进菲律宾的基础设施建设并带动经济发展。

菲律宾的基础设施条件是制约国家发展的瓶颈之一。脆弱的基础设施与昂贵的费用成本既阻碍了海外投资者的进入，也束缚着菲律宾国内经济的发展。根据日本国际协力机构（JICA）的一项研究，2012 年由基础设施落后带来的马尼拉交通堵塞问题每天造成 4500 万美元的损耗，2030 年这个数字将翻三倍。[③] 在世界经济论坛发布的全球竞争力排名中，菲律宾的基建水平排在东盟 9 个上榜国家中的第 7 名。[④] 针对这些现象，菲律宾学者认为“一带一路”倡议提出的时机非常合适，它将给菲律宾带来大量投资与工作机会，同时改善菲律宾国内经济的发展环境。

菲律宾学者注意到中国为菲律宾的基础设施建设提供了约 73 亿美元的援助资金。[⑤] 其中包括卡利瓦大坝项目和奇科河灌溉项目、苏比克—克拉克铁路项目、达沃高速公路项目和 PGN 大桥工程（Panay-Guimaras-Negros Bridge Project）。与中国政府达成的各项合作协定预计可为菲律宾创造 200 万个工作岗位。[⑥] 同时这些项目将和菲律宾发展规划中的机场和海港建设

① Ben O. de Vera, Jovic Yee, Miguel R. Camus, "Dutertenomics: 'Golden age of infrastructure'", *Philippine Daily Inquirer*, 19 April 2017, https://newsinfo.inquirer.net/890225/dutertenomics-golden-age-of-infrastructure，登录时间：2018 年 4 月 25 日。

② 《专访杜特尔特：‘一带一路’促进中菲经济共赢》，央视网，2017 年 5 月 12 日，http://m.news.cctv.com/2017/05/12/ARTINuaBv1Zh1bQd1gSslUsO170512.shtml，登录时间：2018 年 4 月 25 日。

③ Richard Javad Heydarian, "The 21st century silk road: perils and opportunities of China's Belt and Road Initiative", p. 36.

④ Chrisee Dela Paz, "Which ASEAN economy has the most developed infrastructure?", Rappler.com, 13 November 2017, https://www.rappler.com/business/187905-asean-summit-2017-philippines-competitiveness，登录时间：2018 年 4 月 25 日。

⑤ Richard Javad Heydarian, "The 21st century silk road: perils and opportunities of China's Belt and Road Initiative", p. 36.

⑥ Pia Ranada, "Duterte bringing home $24B worth of deals from China", Rappler.com, 21 October 2016, https://www.rappler.com/business/149886-duterte-business-deals-contracts-china-visit，登录时间：2018 年 4 月 25 日。

相配合，帮助菲律宾降低国际与国内的货物运输成本。随着地区间交通费用的减少，菲律宾制造业（尤其是电子产品、手工业和食品出口部门）将是首要受益者。[①]

除最大的贸易伙伴中国以外，“一带一路”倡议还将在通往中东和欧洲的沿线经济走廊上为菲律宾产品打开新市场。[②] 菲律宾学界普遍重视“21世纪海上丝绸之路”对本国发展的重要意义，认为在加快基础设施建设的基础上，“一带一路”将菲律宾纳入更广阔的世界贸易网络。菲律宾国内交通网络的构建意味着深化地区间的连接，使偏远地区也能跟上国家的经济发展大潮；“一带一路”提供的平台则向菲律宾开放了更大的市场。因此“一带一路”是中菲两国之间至关重要的合作框架。[③] 菲律宾智库“金砖国家战略研究组”（Philippine-BRICS Strategic Studies Group，Ph-BRICS）指出，菲律宾绝不能错过如今“一带一路”所提供的机会：“在 20 世纪 80 年代，当东南亚国家开始进行经济转型时，我们国家陷入了政治动荡与错误经济理论的泥潭。今天我们接触到一些意见，它们质疑杜特尔特经济学和‘一带一路’的机遇。但是我们国家从过往中吸取了教训，菲律宾已经准备好上路了!”[④] 这代表了菲律宾学界对“一带一路”倡议的主流态度，即将其视为一个对本国经济发展起到关键作用的战略机遇。

在实际效益的层面上，菲律宾学界认为“一带一路”倡议可与本国发展规划对接，带动经济发展。在意识形态与价值观层面上，“一带一路”倡议互惠包容的内涵也得到了菲律宾学界的高度评价。“一带一路”的共建原则是坚持开放合作、和谐包容、市场运作和互利共赢，强调对各国国情的尊重和对各方利益的关切。[⑤] 对于菲律宾这个有着长期被殖民历史的

---

① Aaron Jed Rabena，“The Complex Interdependence of China’s Belt and Road Initiative in the Philippines”，p. 690.

② Alina Manaig，“Belt and Road Opportunities：What’s in It for the Philippines?”，*John Clements Lookingglass*，17 May 2018，https：//medium. com/the-looking-glass/belt-and-road-opportunities-whats-in-it-for-the-philippines-12cda8316d94，登录时间：2018 年 5 月 25 日。

③ Aaron Jed Rabena，“The Complex Interdependence of China’s Belt and Road Initiative in the Philippines”，p. 692.

④ Mauro Gia Samonte，“Is China’s one belt，one road initiative impacting enough on PH development?” *The Manila Times*，21 May，2017，https：//www. manilatimes. net/chinas-one-belt-one-road-initiative-impacting-enough-ph-development/328346/，登录时间：2018 年 4 月 25 日。

⑤《什么是‘一带一路’》，中国一带一路网，https：//www. yidaiyilu. gov. cn/info/iList. jsp?tm_ id =540，登录时间：2018 年 4 月 24 日。

国家而言，这些原则具有较大的说服力与吸引力。《马尼拉时报》专栏作家毛罗·萨蒙特（Mauro Gia Samonte）将“一带一路”与欧盟、美国对菲律宾的援助进行了对比，指出后者对菲律宾提供的支持通常带有附属的捆绑要求。自杜特尔特开展禁毒活动以来，欧盟撤回了2.58亿欧元的对菲拨款，美国则取消了名为“千禧年挑战基金”的援助，借此表达对菲律宾国内政策的不满。此外，美国对菲律宾的援助还意味着一系列军事协定的义务，比如《访问部队协议》（VFA）。“在这方面，中国比美国好得多，它没有在援助中添加捆绑条件。”[①] 可见，“一带一路”倡议秉持尊重各国主权的原则，这赢得了菲律宾人的好感。

在加入“一带一路”倡议的同时，菲律宾人重视以独立的姿态开展互惠合作。在对菲律宾教师T进行访谈时，笔者曾问及“一带一路”可以给他的国家带来哪些益处。他除了谈论菲律宾将在科技、基建和创造工作机会等方面获益，还提道：“对我来说很重要的一点是，要将‘一带一路’视为一种双边、互相的关系。菲律宾不仅是从中获益，而且也可在其中做出贡献。通过这个以共同发展为目标的合作性倡议，菲律宾能向其他国家提供一些自身可共享的资源。”他的回答较全面地传达了菲律宾学界对“一带一路”倡议的期待，即一方面菲律宾可以借此平台实现发展，另一方面菲律宾重视“一带一路”蕴含的平等互利原则并愿意积极参与。正如毛罗·萨蒙特所言，“一带一路”将造成中国对周边小国的支配控制，这只是倾向于西方的分析家的观点；“中国之崛起对有着霸权雄心的国家而言，肯定不是好事；但对亚非地区的小经济体来说，‘一带一路’是天赐之物。”[②]

三　菲律宾学界对“一带一路”的思考：我们是否已准备好？

“一带一路”在实施过程中不可避免会遇到一些困难与挑战。在上述2017年的问卷调查中，78%的东盟学员认为“一带一路”建设会遇到较大风险，只有6%的学员认为没有风险。东盟青年对于沿线国家参与“一带

① Mauro Gia Samonte, “Is China's one belt, one road initiative impacting enough on PH development?”

② Ibid..

一路”建设的最大顾虑是担心破坏当地环境，其他顾虑包括有附加政治条件、影响国家稳定或冲击本国经济等。[①] 调查结果显示，认为“一带一路”存在一定风险的东盟青年在调查对象中所占比例是比较高的，他们的顾虑主要是出于对本国利益的思考。

在阿拉伯世界，部分媒体翻译、转载了西方媒体对“一带一路”倡议的消极言论，如中国资金的大量涌入可能会降低现有金融机构的国际标准，尤其是这些机构可能对中国公司给予资金照顾，或资助一些有政治意图的项目，或纵容其破坏环境。[②] 印尼学者一方面相信本国可从“一带一路”中获益，另一方面认为它会造成负面影响，比如它是“新殖民主义扩张”的表现，是中国企图建立世界新霸权的手段；中国雇佣的大部分是中国劳工，只有小部分是印尼本地劳工，这可能引发社会不安，等等。[③] 日本学者担心中国的投资资金不足和无视投资成本收益率的问题。[④] 就“一带一路”可能对国家利益造成的影响这一议题，菲律宾学界表达了与这些沿线国家相似的观点。

首先，菲律宾学者担心“一带一路”将造成沿线国家对中国技术标准、法律条款和人力的依赖。理查德·海达里安认为，“一带一路”意味着世界更加依赖中国的法律和技术标准，这将使中国成为像西方国家和日本那样的全球性文化力量。[⑤]“对中国科技、人力的依赖和长期的合约可能威胁国内的就业及国家安全……最重要的是给当地人提供工作，而不是全部依赖中国提供资本、科技与人力。”[⑥] 其次，也有人将“一带一路”视为“一种新形式殖民”[⑦] 或“一个崛起的帝国主义彰显力量的行为”[⑧]。菲律

---

① 陈胜辉、杨健羽、李小艺：《东盟青年对“一带一路”倡议的认识与建议——基于对文莱、印度尼西亚、菲律宾、泰国青年的调查》，第 8—12 页。

② 薛庆国：《“一带一路”倡议在阿拉伯世界的传播：舆情、实践与建议》，第 44 页。

③ 米拉、施雪琴：《印尼对中国“一带一路”倡议的认知和反应述评》，第 86—88 页。

④ 王义桅、崔白露：《日本对“一带一路”的认知变化及其参与的可行性》，第 100 页。

⑤ Richard Javad Heydarian, “The 21st century silk road: perils and opportunities of China’s Belt and Road Initiative,” p. 32.

⑥ Ibid., pp. 35 - 38.

⑦ JC Punongbayan, “What scares me the most about China’s new, ‘friendly’ loans”, Rappler. com, 3 March 2018, https://www. rappler. com/thought-leaders/197207-china-loans-philippines-fears, 登录时间：2018 年 4 月 25 日。

⑧ Lermie Shayne Garcia, “Chinese Aid in Southeast Asia before the Belt and Road Initiative: Solidarity or Business as Usual?”, *Asian Studies Journal of Critical Perspectives on Asia*, Vol. 53, No. 1, 2017, p. 67.

宾学者认为中国提供的贷款可能将国家带入“如斯里兰卡、委内瑞拉和老挝所面对的债务陷阱”,[①] 进而威胁领土、自然资源和主权安全，特别是菲律宾的海洋权益。“有人产生了这种印象：中国为了获得南中国海问题上的政治回报，利用经济作诱饵。”[②] 一位菲律宾大学经济学系的博士生在其文章《中国的新型“友好”贷款最使我担心的是什么?》中写道：“如果杜特尔特继续向中国叩头，并向我们的人民掩藏中国的隐秘动机，那么当我们醒来时，可能发现自己要向新主子——中国俯首称臣。”[③] 这一观点反映了被殖民的历史经验赋予菲律宾学者强烈的警惕心理，也说明有关“债务陷阱”问题的国际舆论对菲律宾学者产生了一定的误导与影响。有关经济方面的担忧则包括承诺的援助和投资资金尚未到位、中国的项目承包商是否可靠等。

在思考“一带一路”可能面临的挑战时，菲律宾学界不仅针对本国利益进行了上述考虑，还流露出对本国政府治理能力的担忧。在菲律宾学者眼中，本国政府的治理能力属于“弱政府”类型。[④] 具体说来，菲律宾政府的腐败问题及其执行能力是学者关注的焦点。

达琳·埃斯特拉达（Darlene V. Estrada）是菲律宾外交学院国际关系和战略研究中心（CIRSS，FSI）的国际事务专家。她在《“一带一路”倡议与菲律宾对海上丝绸之路的参与》一文中提出“菲律宾是否准备好参与海上丝绸之路”的问题。她认为宣布加入“一带一路”倡议是容易的，但在菲律宾有效且零腐败地实施基建计划则有困难。“海上丝绸之路能否成功实施不仅依赖于中菲两国关系是否良好，也依赖于菲律宾政府能否高效而廉洁地实施基建计划。”[⑤] 历史上，国外对菲律宾的援助通常伴随着高调的腐败案件、缺乏透明性和产生寻租行为等特征，估计有近 30% 的援助款

① Richard Javad Heydarian, “The 21st century silk road: perils and opportunities of China's Belt and Road Initiative”, p. 36.

② Aaron Jed Rabena, “The Complex Interdependence of China's Belt and Road Initiative in the Philippines”, p. 684.

③ JC Punongbayan, “What scares me the most about China's new, ‘friendly’ loans”.

④ Lermie Shayne Garcia, “Chinese Aid in Southeast Asia before the Belt and Road Initiative: Solidarity or Business as Usual?”, p. 89.

⑤ Darlene V. Estrada, “China's Belt And Road Initiative And Philippine Participation In Maritime Silk Road”, Foreign Service Institute, April 2017, http://www.fsi.gov.ph/the-belt-and-road-initiative-and-philippine-participation-in-the-maritime-silk-road/, 登录时间：2018 年 4 月 25 日。

项被浪费。① 2007 年中兴公司在 NBN-ZTE 国家宽带网络项目中陷入阿罗约政府受贿事件，这也成为菲律宾学者质疑政府清廉度与透明度的一个论据。“NBN-ZTE 项目因卷入腐败而失败，北吕宋铁路工程因腐败和违反竞标流程而取消。菲律宾这些案例表明，中国在东南亚的投资可能会受到政府治理问题的阻碍。”② 菲律宾学者认为在这个存在腐败与裙带关系的政府中，中国投资可能会产生负面影响，其结果可能只是迎合了统治精英阶层的利益，而不是服务于大众福祉。③ 阿伦·吕贝纳指出，中国“一带一路”的成功需依赖于每个国家的政治环境，在菲律宾相关项目的前景依赖于杜特尔特政府的表现及其政治合法性。④ 可见，尽管菲律宾政府对“一带一路”倡议表现出积极接纳的态度，但菲律宾学界却对菲律宾政府的信誉和能力感到信心不足。“政府能保证未来和中国公司交易时没有丑闻和腐败吗?”⑤ 根据菲律宾政府的腐败情况及其过往和中国公司失败的合作经历，他们担心“一带一路”在实施过程中会受到类似因素的干扰。

除腐败问题外，菲律宾政府能否有效推动“一带一路”项目顺利实施是菲律宾学界提出的另一点疑问。达琳·埃斯特拉达在文章中表示：“一个能有序实施的港口发展计划对于菲律宾无疑是有利的。然而有必要在更实际的层面上表达担忧，即菲律宾的各个机构、部门是否已准备好与中国共同开展巨大的联合基建项目?”⑥ 她认为，菲律宾需要为即将到来的相关项目准备有利的环境，如制定宏观经济政策。“菲律宾发展计划 2017—2022”可以与“一带一路”倡议对接，但任何愿景与计划都必须转化为实际的政策、项目和行动。她强调中菲双方在“一带一路”项目开始前应对具体的实施机构与技术部门进行综合检查。⑦ 阿伦·吕贝纳认为，为了保证与“一带一路”有关的项目能够在杜特尔特六年总统任期之后继续存

---

① Lermie Shayne Garcia, “Chinese Aid in Southeast Asia before the Belt and Road Initiative: Solidarity or Business as Usual?”, p. 83.

② Richard Javad Heydarian, “The 21st century silk road: perils and opportunities of China's Belt and Road Initiative”, p. 35.

③ Ibid., p. 40.

④ Aaron Jed Rabena, “The Complex Interdependence of China's Belt and Road Initiative in the Philippines”, p. 693.

⑤ JC Punongbayan, “What scares me the most about China's new, ‘friendly’ loans”.

⑥ Darlene V. Estrada, “China's Belt And Road Initiative And Philippine Participation In Maritime Silk Road”.

⑦ Ibid..

活，需要推进"一带一路"在菲律宾的制度化。具体措施包括签署针对"一带一路"的谅解备忘录、在菲律宾成立"一带一路"行动与计划委员会，等等。[①] 菲律宾学者从实际操作的角度出发，针对"一带一路"倡议的可执行性与连贯性提出建议。这一方面说明他们不甚信任本国政府的效率和能力，另一方面也体现了他们对于"一带一路"能够真正落实并产生实际效果的愿望和期待。

四　结语

菲律宾学界对"一带一路"倡议的评述与思考体现了一种期待和担忧并存的心态。期待主要是指"一带一路"倡议将与菲律宾中长期规划相结合，促进基础设施建设和贸易的发展，并带动人员就业。同时"一带一路"所倡导的互惠共建原则也是菲律宾人所看重的价值观。担忧的内容可分为两个方面，一是针对中国，认为"一带一路"带来的投资或援助可能对本国利益造成伤害；二是针对菲律宾本国，认为政府腐败且能力不足，无法配合"一带一路"项目成功实施。综合上述观点，笔者试从实际操作和价值观层面提出两点建议。

首先，推动示范性项目工程的建成可以打消菲律宾学界提及的大部分疑虑。一个成功的项目案例可以打破诸如资金尚未到位、依赖中国人力、"债务陷阱"等方面的担忧或偏见。通过开展示范性项目的建设，给菲律宾人民带来切实的益处，如增加工作岗位和改善基础设施条件，这不仅是对菲律宾学界之疑虑的回应，也是对普通民众的一种有效宣传。此外，示范性项目的落实与成功既可破除菲律宾学者对中国的一些误解，也可增强他们对本国政府的信心。换言之，一个示范性的项目应该向菲律宾社会展示，本国政府不仅有能力参与"一带一路"倡议的共建，而且没有落入既往腐败的窠臼。因此，示范性项目的建设需要中菲双方的共同努力。

其次，在对菲律宾进行"一带一路"倡议的介绍与宣传时，应根据当地人的心理突出互利共赢的合作理念。菲律宾学界中存在一种受西方舆论

---

① Aaron Jed Rabena, "The Complex Interdependence of China's Belt and Road Initiative in the Philippines", p. 693.

影响、认为“一带一路”是“新殖民主义”的声音。菲律宾长期受西班牙与美国殖民的经历也是这种担忧的一个历史基础。同时，这种经历也使得一些学者更加看重“一带一路”所倡导的平等和互惠精神。基于上述情况，笔者认为尊重各国国情和关切各国利益应该成为对菲律宾宣传“一带一路”的重点。在强调尊重的基础上，还可具体深入地阐释菲律宾在“一带一路”倡议中的重要角色，增强菲律宾人的参与感。如果能根据菲律宾民众的主体性思想与民族情感，切实、广泛地传播互利共赢的理念，相信“一带一路”倡议将在菲律宾社会赢得更多的理解与支持。

Philippine Scholars' Responses to the Belt and Road Initiative

Zheng Youyang

Abstract The Philippines officially joined the Belt and Road Initiative in 2018. This article mainly pays attention to the Philippine scholars' responses to this initiative. They have both expectations and concerns towards it. The expectations show that the BRI is in accordance with Duterte's vision and plan for Philippine long-term development to enhance the infrastructure construction. The BRI principle of shared development is also welcomed. Their concerns are both about China and the Philippine government itself. Some of them hold that the BRI might cause negative influence in their country. Some are afraid that the Philippine government might be too weak to implement such an initiative.

Key Words Belt and Road Initiative; China; Philippines

Author Zheng Youyang, Ph. D. candidate in School of Foreign Languages, Peking University, Beijing.

新加坡在“一带一路”中的枢纽作用

赵泽琳

【摘要】“一带一路”倡议提出以来，我国同东南亚国家围绕共同发展经济，进行文明对话，增进政治互信，展开合作。新加坡是“一带一路”最早的支持者和积极的参与者。新加坡扼守马六甲海峡，在海上交通具有绝对优势；新加坡是区域地缘政治中的协调者，既是东盟国家的“带头人”，又与中国有着良好的双边贸易基础和华人文化基础，同时是美国在东南亚地区的重要伙伴。随着“一带一路”的建设和推进，新加坡成为集交通、经济、文化、地缘政治多要素为一体的综合枢纽。

【关键词】“一带一路”　新加坡　枢纽

【作者简介】赵泽琳，中央社会主义学院，讲师。

自2013年中国提出“一带一路”倡议以来，世界上大多数国家都表达了积极的态度，新加坡是“一带一路”沿线的重要国家，对“一带一路”倡议表现出积极意愿，并高度参与“一带一路”的建设和发展。正如新加坡总理李显龙所说：“新加坡是最早支持中国‘一带一路’倡议的国家之一，也是这项倡议的坚定支持者。”

“一带一路”倡议提出以来，从一项倡议到实践，越来越多的实质性项目落地，合作的领域广泛涉及政治、文化、经济多个领域。在当今世界陷入“逆全球化”潮流困境的时候，中国的“一带一路”倡议对构建人类命运共同体具有积极意义。在“一带一路”框架下，新加坡越来越肯定和接受中国在区域内的影响，不仅积极开展双边合作，而且乐于利用其在交通、地缘政治、国际贸易等方面具有的优势，在“一带一路”中发挥枢纽作用。

一　新加坡是"一带一路"倡议的坚定支持者和积极参与者

新加坡是传统海上丝绸之路必经的重要港口，自19世纪以来在中西海上交通中发挥着重要的作用。"一带一路"倡议一经提出，新加坡即刻意识到其在"一带一路"海上交通上具有传统优势，所以最早表示出支持和积极参与的意愿。

第一，新加坡极具务实精神，绝不会错过"一带一路"倡议带来的发展机遇。新加坡的内政外交政策一直遵循"实用主义"原则，并积极与大国合作谋求发展平台。中国改革开放之初，尚未与中国建交的新加坡就已经看到了中国经济发展给区域发展带来的联动效应，1979年李光耀在新加坡推动"讲华语运动"，他曾表示："（普通话）文化上是有价值的语言，经济上也有价值。再过二十年，如果中国的'四个现代化'成功，它的贸易量是非常大的。到时候讲华语方便，讲福建话没用。"1990年中新建交后，两国在经贸上的合作取得双赢，签署了《经济合作和促进贸易与投资的谅解备忘录》等多项促进经贸合作的协议。2013年中国提出"一带一路"倡议，新加坡积极回应，并成为亚洲基础设施投资银行首批21个意向创始成员国之一。新加坡社会现在已经基本形成一个共识，认为"一带一路"倡议带来的不仅是发展机遇，也是一个新加坡能够发挥第三方作用的良好平台。随着美国退出"跨太平洋伙伴关系协定"（简称"TPP"），美国的贸易保护主义和"逆全球化"的发展思路也使新加坡更注重"向东看"，寻找发展机遇。2018年李显龙访华之际重申了新加坡对"一带一路"倡议坚定的支持和积极的参与态度。

第二，基于新加坡与中国业已建立的良好的合作基础，新加坡愿意保持紧密的合作关系，巩固双边合作成果。中国已经成为新加坡最主要的投资目的地，不论是政府间合作还是民间投资，新加坡在中国市场的收益都不错，而且一些合作成果的未来前景值得期待。"一带一路"倡议表明了中国扩大开放的态度，新加坡也会随之拓展双边合作的领域和规模。

第三，新加坡是一个城邦国家，其经济发展必须与世界接轨，必须向全球市场开放，新加坡的特点是"身在东南亚，心向全世界"，不局限于本国、本区域的发展机会，而是广泛结交世界大国，创造发展空间。[①] 新加坡非常注重与时俱进，从开埠起就首先依托马六甲海峡发展全球转口贸易，但并没有满足于占据交通港口的先天优势，而是积极寻求产业升级，发展电子工业等经济产业。现在在全球经济低迷的情况下，新加坡也必须紧跟时代发展的潮流，以“一带一路”为平台，寻求更多“走出去”的机会，升级经济发展模式。

二　新加坡是"一带一路"沿线重要的交通枢纽

新加坡的自然地理位置位于东南亚区域马来半岛的最南端，全岛面积为716平方公里，面北有柔佛海峡沟通马来西亚，面南与印度尼西亚隔着新加坡海峡，并且扼守重要的海上通道——马六甲海峡的南端出口。这一优越的地理位置也是新加坡这个小小海岛国家得以发展的基本自然条件。马六甲海峡历来是东西方贸易的重要海上通道，随着殖民主义扩张和贸易全球化，新加坡港从19世纪后期开始，已经是世界上最繁忙的港口之一。新加坡港和马六甲海峡是“一带一路”沿线重要的海上交通枢纽，东亚各国与欧洲、非洲的大宗货物海运都必须经过新加坡控制的马六甲海峡。

新加坡在“一带一路”沿线海上运输交通中的枢纽地位是无可替代的。马六甲海峡和新加坡港在古代海上丝绸之路中就承担重要的角色，至今依然是亚太地区海上交通枢纽。从国际运输航线来看，东亚通往中东、欧洲经由马六甲海峡目前仍是最短的海上通道，且经由马六甲海峡的海运成本要远远低于欧亚大陆桥的陆路运输成本。对于中国而言，目前的主要石油能源供给来源仍然是中东石油国家，而能源运输的主要通道仍旧是马六甲海峡。虽然目前中国一方面在寻求多元化的能源供给渠道，另一方面在积极参与克拉运河的开通，但马六甲海峡仍旧在中国的能源输入中扮演重要角色。可以预见，即使克拉运河开通后，马六甲海峡仍会是海上丝绸之路的重要通道。鉴于马六甲海峡通航对“一带一路”沿线国家具有的重要性，新加坡作为控制马六甲海峡的港口就具有重要

① 赵泽琳：《新加坡在南海问题上的弹性外交策略》，《战略与决策》2016年第3期，第52—63页。

的枢纽作用。马六甲海峡，乃至新加坡是“一带一路”上的重要站点，中新互利合作是“一带一路”畅通重要的“硬性条件”。

目前正在修建的泛亚铁路昆—新东盟通道，即从中国昆明，纵贯泰国和马来西亚，最终到达新加坡，将是连接中国同东南亚的重要陆路通道。这一通道贯通后，新加坡港对中国的重要性要翻一倍。中国西南地区将通过新加坡港同东南亚、南亚及中东进行转口贸易，同时带动泰国和马来西亚的发展。中国内陆省区西下印度洋和西进中东、北非、西欧等可缩短运距3000—5000公里，运输费用和时间也能大大节省。

陆路交通通道的建立和海上交通通道在新加坡汇合，将使新加坡成为在“21世纪海上丝绸之路”上最重要的交通枢纽。

三　新加坡在国际地缘政治关系中的协调作用

新加坡是东盟国家中的主要政治经济体，在东盟事务中发挥重要作用，同时与中国、美国有着紧密的合作关系。一方面，新加坡华人居多，与中国有着一脉相承的文化渊源，中国改革开放以来一直与中国保持密切的经贸往来；另一方面，新加坡是美国在亚太地区的重要盟友，不仅与美国保持经贸关系，还是美国在东南亚区域重要的军事补给基地。新加坡利用外交手段周旋于大国之间，并积极热心协调区域事务，成为东南亚区域地缘关系中绕不开的一个点。

第一，从新加坡与中国的关系来看，在中国周边关系中，新加坡与俄罗斯、日本等国对中国的重要意义不同，它虽然国土面积小，但经济体量大，并且以给美军提供军事基地为主要形式成为东南亚国家中一个有力的军事存在。新加坡总体上是中国周边关系中一个相对稳定的、不可忽视的因素。不可忽视表现在，一是新加坡同中国的贸易往来频繁，互为重要的海外投资方和贸易伙伴；二是新加坡在东盟国家中具有一定威望，其对东盟事务的参与某种程度上影响中国同东盟国家关系的走向；三是中华文化是中新关系的文化根基，华人文化上的情感倾向是天然的纽带。

第二，从新加坡在东盟的地位来讲，新加坡是东盟国家中经济发展程度最高的国家，也是东盟区域事务的积极参与者，东盟的诸多重要议题和区域制度都是在新加坡牵头或倡议下开展起来的，新加坡在某种程度上可以说是东盟国家的“带头人”，新加坡也乐于将自己视为东盟国家的“带头人”，新加坡对区域事务的态度影响着区域内其他国家的相关决定。

第三，从新加坡与美国的关系来讲，新加坡是美国在东南亚地区重要的支持者，美国重返亚太既是新加坡所提倡的，又是其强力支持的。尤其是新加坡对推动TPP不遗余力的态度，也可见新方希望美国在东南亚乃至整个环太平洋区域内的势力不要退缩。新加坡是美国在亚洲最大的军事基地，尤其是根据《美新协定》，樟宜海军基地为美军第7舰队及其他过往船只，包括航母等大型船只，提供后勤补给和维修服务，大幅拓展了美国海军第7舰队的控制范围。同时，美国是新加坡的主要海外投资方，新加坡统计局的资料显示，美国在2010—2015年，对新加坡的直接投资是149.7亿美元，位居第一，美国在亚洲的重要盟友日本对新的投资排位第二（108.1亿美元）[①]。

综上所述，“一带一路”是谋求经济共赢和区域和平的重要倡议，从战略意义上讲，新加坡在地缘关系中的枢纽作用对“一带一路”的建设意义重大。首先，“一带一路”倡议不仅是简单的经济合作方案，而且是具有推动构建人类命运共同体的历史责任感的，其主要目的就是通过“一带一路”倡议与周边国家共商共建，互联互通，互利共赢，一起维护区域和平。其次，新加坡是中国、东盟和美国地缘关系中的重要交织点，新加坡历来以“调和者”的身份定位自己在亚太地缘关系中的作用，致力于协调各方力量，维护区域内的和平环境，赢得发展空间。最后，东南亚国家目前面临的两个问题，第一个是各国都面临不同程度的政治转型，有些国家正在经历政治风云变化，第二个是大部分国家仍旧基础设施薄弱，亟待建设和发展。“一带一路”倡议和中国雄厚的资金和技术支持，能够帮助东南亚国家改善落后的基础设施现状，同时中国在世界范围内的影响力正在上升，以“一带一路”倡议和“构建人类命运共同体”的和平构想赢得了世界的尊重和理解。新加坡只要在地区博弈中看中区域安全和经济发展——“一带一路”中的积极因素，那么在新加坡同中国的双边贸易有着良好基础和发展前景的背景下，中新在“一带一路”的框架下有更多互利共赢的机会和发展空间。

---

① Department of Statistics Singapore，“Foreign Direct Investment in Singapore 2014”，https：//data. gov. sg/dataset/foreign-direct-investment-in-singapore-by-country-region-stock-as-at-year-end-annual，登录时间：2018年4月12日。

四 “一带一路”背景下新加坡与中国合作的成果及前景

中国与新加坡于20世纪80年代以来开展贸易洽谈，到1990年正式建交后，双边关系以经贸为主轴，同时在政治和文化交流上保持紧密的联系；除了两国的政府间合作，还在纵向上开展地方合作、企业合作和多种形式的民间互动。2015年国家主席习近平访问新加坡时确立了“与时俱进的全方位合作伙伴关系”。中国与新加坡的经贸合作紧密，双边贸易逐年增长，2014年，中国已经是新加坡第一大贸易伙伴、第一大出口市场和第一大进口来源地。

新加坡是世界上第14大出口国和第15大进口国，其经济严重依赖于国际贸易和海外市场，据国际贸易组织的报告，贸易对新加坡GDP的贡献率高达407.9%[①]，居世界首位。由于国土面积的限制，新加坡经济发展就必须“走出去”，中国欢迎“一带一路”沿线国家搭乘中国经济发展的快车，也欢迎沿线国家共创、共建、共享“一带一路”的成果。

新加坡同中国的合作紧密，经贸往来频繁，在“一带一路”框架下取得了显著的成绩。根据中方数据，新加坡在中国的投资占了“一带一路”沿线国家对华投资总额的85%，而在中国对“一带一路”沿线国家的投资额中，近三分之一是经由新加坡再投向这些沿线国家的。此外，三分之二的东南亚基建项目是设在新加坡的融资团队所规划的；在新加坡的中资银行也已承诺为参与“一带一路”项目的中新企业提供1000亿新元的融资支持。

同中国政府合作的天津生态工业园、苏州工业园、重庆互联互通三个示范项目都逐步落地，其中，苏州工业园项目的示范作用明显，2017年实现地区生产总值2350亿元，同比增长7.2%，苏州工业园的经验被推广到更多国家级投资平台。重庆互联互通项目的建设是“一带一路”框架下的重要成果，随着泛亚铁路的开通，重庆项目将作为中国西部的先锋代表，同马来半岛及东南亚地区将有更多的合作空间，并通过昆渝与渝新欧国际铁路相连，将海上丝绸之路与陆上丝绸之路贯通。

---

① “Singapore Exports, Imports and Trade”, *Economy Watch Content*, March 18, 2010, http://www.economywatch.com/world_economy/singapore/export-import.html，登录时间：2018年4月27日。

新加坡是中国提出"一带一路"倡议以来最积极的参与者之一，它同东盟其他国家一起主动对接"一带一路"倡议，是"21世纪海上丝绸之路"沿线国家中的重要一站。从某种程度上讲，中国经济形势的好坏对新加坡的经济态势有重大影响。新加坡与中国进一步加强合作，共同推进"一带一路"建设是共赢互利的必然选择。在共创、共建、共享的进程中，除了夯实有着良好基础的双边贸易，中国和新加坡在区域融通和推动沿线国家经济发展上大有作为。第一，双方可共同投资东南亚国家的基础设施建设，为区域融通做出努力。除新加坡外，东南亚国家都亟须推进基础设施建设，新加坡和中国是区域内最具有投资实力的国家，同时新加坡是中国主导的亚投行的首批成员，共同投资东南亚的基础设施，包括跨国铁路的修建，将有利于区域整合，带动沿线国家和区域国家的经济和社会发展，东南亚区域整体经济的发展会为新加坡未来的经济发展带来无限的机遇。第二，双方可以加强金融合作，进一步加强人民币在区域内的号召力。新加坡是人民币国际化的支持者，因为人民币的国际化能使东南亚国家的货币不受美元、欧元等西方货币的单方面挟持。新加坡是世界金融中心，同时是排在中国香港之后的第二大人民币离岸结算中心，共同推动人民币国际化将有利于区域贸易，推动货币互通。第三，双方企业携手"走出去"。随着世界经济整体发展步伐放缓，中国产能过剩、市场疲软，新加坡也亟须寻求新的发展机遇。但是百业待兴的东南亚其他国家仍然有发展的空间，双方企业合作投资，为东南亚国家新型工业化和经济结构转型升级助力。

结　语

新加坡是中国海上丝绸之路的传统伙伴，天然处于"一带一路"倡议的地理沿线上。中国提出"一带一路"倡议，谋求世界各国共同发展，致力于构建人类命运共同体，为东南亚地区的发展和东盟的进一步整合提供了机遇。随着美国退出TPP和特朗普新政的实施，美国在东南亚地区的政治影响力处于低位，而中国对世界经济政治的大国责任正在显现，对地区的影响力正在上升。新加坡非常积极地塑造其在"一带一路"倡议中的枢纽作用，中国也应该重视新加坡的重要性，发挥好新加坡的枢纽作用。

首先，新加坡扼守马六甲海峡，是海上丝绸之路的海上关卡，交通枢纽的重要地位千百年来无法撼动，虽然中国能源渠道逐步多元化，但新加坡所扼守的马六甲海峡依然对中国的海上运输意义重大，尤其是石油能源运输关系中国的战略性能源安全。其次，中国同新加坡有着良好的经济合作的基础，新加坡对华投资力度大，双边贸易规模大，是彼此重要的贸易合作伙伴。巩固基础、共同发展是中新合作的主旋律，中新关系中的经济关系是“一带一路”沿线国家中的重点。再次，新加坡在东盟国家中有实力有威望，中国同东盟的合作是涉及政治、经济、文化和社会的全面合作，新加坡在中国、东盟的沟通中同样可以起到枢纽作用，一来新加坡乐于、善于协调中、美两国与东盟国家的关系；二来新加坡既熟悉中华文化，又对东南亚、南亚其他文化具有较高的熟识度，诸如对印度、马来西亚、印度尼西亚的了解，可以帮助中国在东南亚、南亚打通“一带一路”合作中的文化壁垒。最后，新加坡在法律、国际贸易、产业建设及多语人才等多方面具有优势，可以帮助中国搭建与第三方国家沟通的平台，也可以为中资企业走出去提供相应的服务，还可以与中国企业合作一起同第三方国家开展合作。

Singapore's Pivotal Role in the Belt and Road Initiative

Zhao Zelin

Abstract Since the Belt and Road Initiative was proposed, China has been cooperating with countries in Southeast Asia in economic development, culture exchange and building political mutual trust. Singapore is among the first supporters and participants in the Belt and Road Initiative. Locating in the Melaka Straits, Singapore has absolute advantages over maritime transportation. Singapore is also the coordinator in regional geopolitics and "leader" among ASEAN members. Not only Singapore has built strong trade and ethnic Chinese culture basis with China, it is also an important partner with the United States in the region. Along with the construction and advancement of the Belt and Road Initiative, Singapore has become an integrated hub on transportation, economics, culture and geopolitics.

Key Words "Belt and Road"; Singapore; Hub

Author Zhao Zelin, Lecturer at the Central Institute of Socialism.

“一带一路”倡议与“东部经济走廊”战略对接:中泰合作的新亮点

熊　灵　杜　莹

【摘要】泰国提出的“东部经济走廊”战略与中国的“一带一路”之“21世纪海上丝绸之路”倡议高度契合，成为中泰合作的新亮点。“一带一路”倡议与“东部经济走廊”战略的对接获得两国政府高度重视，中泰合作机制不断完善，基建项目稳健推进，产业合作成效初显，第三方市场合作取得共识，中泰关系取得了长足的发展。但是，由于泰国当前政局不稳、基建项目限制颇多、对中国投资忧虑日增、第三方合作尚未成型等问题，中泰对接合作还面临着不小的挑战。两国只有深化合作互信、转变合作思路、加强合作认识、培育合作信心、紧抓战略机遇，才能开创中泰合作的新格局。

【关键词】“一带一路”　21世纪海上丝绸之路　东部经济走廊　中泰对接合作

【作者简介】熊灵，博士，武汉大学中国边界与海洋研究院副教授、院长助理，国家领土主权与海洋权益协同创新中心，研究员；杜莹，武汉大学中国边界与海洋研究院，硕士研究生。

泰国总理巴育2016年提出的“东部经济走廊”战略，不仅致力于吸引高新产业提升创新能力以打造未来产业超级集群，还期望通过优化基础设施建设凸显泰国东部国际交通要塞优势，与“一带一路”倡议倡导的区域互联互通高度契合，逐渐成为中泰合作的新亮点。2018年8月24日，中国国务委员王勇在曼谷会见泰国总理巴育时表示，中方愿同泰方一道落实好两国领导人的重要共识，加强“一带一路”倡议同泰国“东部经济走廊”等发展战略对接；同日在中泰经贸联委会第六次会议上，泰国副总理颂奇表示泰方高度重视深化两国经贸合作，愿借鉴中国发展经验，加强“东部经济走廊”与“一带一路”建设衔接。① 因而，“一带一路”倡议与“东部经济走廊”战略的对接以及成效如何也成为影响中泰合作的重要问题。本文将从泰国“东部经济走廊”战略的提出背景及主要内容出发，分析泰国“东部经济走廊”战略与中国“21世纪海上丝绸之路”倡议对接的进展与成效，剖析对接合作中存在的问题和面临的挑战，并提出针对性的对策建议，以促进中泰两国携手发展、合作共赢。

一　泰国“东部经济走廊”战略的提出及主要内容

自20世纪80年代起，泰国采取了出口导向型的经济政策，实现由传统农业国向新兴工业国的转变，经济得以迅速发展，于90年代初跻身中等收入国家之列。然而，亚洲经济危机以来，泰国传统制造业一蹶不振，竞争力逐年衰退，但同时劳动力成本却不断上升，致使泰国难以实现向高收入国家的转变。面临发展和转型的双重困境，泰国国内强烈意识到需要寻找新的战略突破口。

（一）泰国“东部经济走廊”战略的提出背景

当前，工业竞争力衰退、基础设施落后、人力资源短缺成为泰国经济结构转型中亟待解决的三大难题，这正是泰国“东部经济走廊”战略提出的主要背景。

1. 工业竞争力减退，创新能力不足

泰国作为新兴工业化国家，工业基础较好，但各产业研发能力弱，生产环节附加值低。而且，泰国劳动力成本不断上升，制造商正向泰国周边国家转移，致使泰国制造业指数逐年降低。加之本国工业企业目前仍以低技术水平的轻工业为主，甚至还包含大量的高耗能、技术落后的中小型企

① 杨舟、徐海涛：《王勇赴泰主持中泰经贸联委会第六次会议》，新华网，2018年8月24日，http://www.xinhuanet.com/world/2018-08/24/c_1123325862.htm，登录时间：2018年10月12日。

业，创新能力严重不足。另外，随着泰国森林资源的不断减少，矿产资源的过度开发，泰国将无法持续通过消耗自然资源来推动经济发展。因此，形成产业自主研发的科技实力，推动泰国产业优化升级，增强高端制造业竞争力迫在眉睫。

2. 人力资源短缺，科研人才不足

泰国本土劳工缺乏，从事基础工作的劳工大部分来自老挝、缅甸、柬埔寨。近年来，随着周边国家经济的发展，劳工回流严重，加之泰国正在进入老龄化社会，目前已经面临严重的劳工缺失问题。长久以来，泰国本土教育“重文轻理”，忽视技术职业教育，导致科研人才、高级技术工人极其缺乏，制造业、高新技术企业面临较大的人力资源竞争。泰国工业院副主席差堤亚指出，按照政府“东部经济走廊”未来扶持产业发展人才需求看，未来5年高技术人才岗位缺口至少是10万个。[①] 劳动力短缺和科研人才不足成为泰国经济转型发展的严重障碍。

3. 基建亟待升级，联通有待提高

泰国“东部经济走廊”北连中国、南连东盟、东连太平洋、西连印度洋，坐拥国际交通十字路口的重要位置，是泰国传统的工业基地以及海运物流中心。但是，该地区各运输方式衔接效率低，交通运输成本高，交通枢纽优势未能显现；林查班、马达普国际深水港口以及开发中的萨达西港口，货物吞吐量低，港口间连接性弱；国内主要依靠3号、7号两条国道连接曼谷与东部主要工业区，运输方式单一、效率低、成本高；乌达堡、素万那普等三大机场亟待升级，旅客吞吐量少，机场间联通效率低。总体而言，东部经济地区高效的交通布局尚未形成。

（二）泰国“东部经济走廊”战略的主要内容

在泰国亟待经济转型的背景下，利用科技创新驱动经济发展，聚焦发展高附加值产业，从而实现从中等收入国家到高收入国家的华丽蜕变，成为“泰国4.0”战略的主要内容。“东部经济走廊”战略作为“泰国4.0”战略的重要抓手，旨在通过泰国东部沿海经济特区建设，推动泰国由低技

① 《EEC未来5年还有10万“高才”缺口，开放科研成果加快培养创新》，泰国中华网，2017年9月11日，https://thaizhonghua.com/2017/09/11/55548.html，登录时间：2018年5月2日。

术含量的产业向高新技术产业转型，通过新建或者升级海陆空基础设施，衔接各种运输方式，提升走廊内产业供应链的运输效率，从而提高泰国在东南亚乃至全球的影响力，对泰国未来的发展意义重大。

2016 年 10 月 4 日，泰国政府内阁通过《东部经济特区法案》[①]，泰国总理巴育动用《泰国 2014 年临时宪法》第 44 条赋予的特权，以国家维持和平秩序委员会主席令这一最高等级法令的方式批准了"东部经济走廊"战略。[②] 但是，由于 2016 年《东部经济特区法案》没能实现对该地区进行整体规划和管理，无法发挥东部地区的最大潜力，泰国内阁再次提交修正法案。2018 年 2 月 9 日，泰国国家立法议会通过《东部特别经济开发区法案》[③]，并废止了国家安全委员会颁布的关于"东部经济走廊"建设的 2/2560号令、28/2560 号令及 47/2560 号令。[④]

东部特别经济开发区政策委员会是"东部经济走廊"的主管机构，泰国总理巴育任该委员会主席，泰国主要部委和机构的负责人担任委员。政策委员会的决议对所有委员所在部委和机构都具有约束力，保证了特区政策实施的效力。政策委员会负责制定东部特别经济开发区的发展政策和整体发展规划，委员会制定的各项议案送至内阁审评通过后实施。为避免官僚主义作风，减免复杂烦琐的审批程序，《东部特别经济开发区法案》还授予东部特别经济开发区部分特殊权利，如法案 43 条授予审批特权[⑤]，由

---

① 《泰国东部经济走廊：支持未来产业的新政策》，中国商务部网站，2016 年 10 月 29 日，http：//www. mofcom. gov. cn/article/i/jyjl/j/201610/20161001512909. shtml，登录时间：2018 年 6 月 6 日。

② 常翔、张锡镇：《泰国东部经济走廊发展规划》，《东南亚纵横》2017 年第 4 期，第 14—20 页。

③ 《东部经济走廊正式启动：支持泰国未来经济发展的重要因素》，中国驻清迈总领馆经商室，2018 年 2 月 23 日，http：//chiangmai. mofcom. gov. cn/article/jmxw/201802/20180202713877. shtml，登录时间：2018 年 6 月 6 日。

④ 《东部特别经济开发区法案》第 3 条："同时废止以下法律法规：国家安全委员会 2017 年 1 月 17 日颁布的关于发展东部经济走廊的第 2/2560 号令、2017 年 5 月 26 日颁布的关于加强东部经济走廊发展效率的第 28/2560 号令、2017 年 10 月 25 日颁布的关于东部经济走廊土地使用规定的第 47/2560 号令。"资料来自《东部特别经济开发区法案》，工商银行（泰国）译版。

⑤ 任何发生在经济特区内且与下列法律有关的行为，如法律要求此行为需经过相关政府部门或法律委员会批准或向相关政府部门进行登记，或向法律委员会报备的，开发区秘书长可有权批准或接受上述登记和报备。这些法律包括《土地挖掘及填埋法》《建筑物管控法》《机械登记法》《公共卫生法》《移民法》（仅限于根据第 54 条〈一〉或〈二〉中对外籍人士继续在泰国停留居住的许可）、《商业登记法》《工厂法》《土地分配法》。资料来自《东部特别经济开发区法案》，工商银行（泰国）译版。

此可见该法案对于泰国以往行政模式的突破，以及高效建设“东部经济走廊”的决心。

根据《东部特别经济开发区法案》的规定，“东部经济走廊”的发展将聚焦以下方面：

1. **完善基础设施，凸显地缘优势**

“东部经济走廊”战略计划将泰国东部打造成集海、陆、空交通于一体的国际交通要塞，交通基础设施发展规划如下：在水运交通上，将林查班港口升级为世界十大港口，成为亚洲的物流中心，改造萨达西港口，能够接纳大型集装箱运输船和散装船，提升泰国湾东西部间的旅行及货运效率，扩建马达普深海港口，用于运输石油和天然气，支持全国的石化工业；在空运交通上，升级乌达堡机场，实现20年内机场年旅客吞吐能力达到3000万人次目标；在陆运交通上，通过高铁连接三大机场，依靠双线铁路连接林查班与马达普港。为满足东部经济特区未来的发展需求，泰国政府计划在2017—2021年分阶段至少投资1.5万亿泰铢，兴建15个重大项目，以全面提高基础设施建设水平，促进区域工业化设施配套完善、互联互通能力提升和城市生活环境改善。其中，2019年已获批准的“东部经济走廊”项目总价值约为6840亿泰铢。[①]

表1　**泰国“东部经济走廊”五大基础设施项目**

项目名称	项目投资方式	项目进展
乌达堡机场航空维修中心	泰国国际航空公司与民营企业共同投资及负责施工设计、采购与设备安装	2019年2月份内完成竞标评估
乌达堡机场与东部航空城	政府负责项目征地、基础设施建设投资，民营企业投资发展机场内的商业区	2019年2月28日开放民营企业提交提案
林查班码头三期工程	政府负责投资设计、兴建基础设施，民营企业将负责管理集装箱码头业务	2019年2月14日重新开放提交提案
马达普码头三期开发	第一阶段发展基础建设，泰国工业园区管理局与民营企业共同投资，第二阶段使用泰国工业园区管理局的收益进行投资	2019年2月6日投标方提交技术方案

① 《东部经济走廊（EEC）概况》，中国驻清迈总领馆经商室，开泰研究中心，2017年6月5日，http://images.mofcom.gov.cn/chiangmai/201706/20170605173040462.pdf，登录时间：2018年5月5日。

续表

项目名称	项目投资方式	项目进展
连接三大机场高铁	政府负责项目征地，民营企业负责高铁基础设施建设、运营及高铁周边商业区开发	核审竞标企业提交提案

资料来源：作者根据泰国中华网、光明网、中国商务部网站、中国驻清迈总领馆经商室网站等资料整理。

2. **优化产业结构，提升人才素质**

根据《东部特别经济开发区法案》第39条规定，"东部经济走廊"将聚焦发展十大目标产业，包括泰国具备优势的第一波S形曲线产业（First S-curve）：现代汽车产业、智能电子产业、高端旅游及保健旅游、农业和生物技术、食品加工业，以及面向泰国未来的新一波S形曲线产业（New S-curve）：机器人、航空与物流、生物燃料和生物化学、数字产业、全方位医疗产业。泰国政府还从投资促进、土地、税收等方面为投资者提供优惠条件。《东部特别经济开发区法案》第49条对经济特区内土地及其他不动产权的权利进行了规定，泰国投资促进委员会（BOI）4/2557号、（BOI）4/2560号公告对目标产业的优惠条件做出了详细规定，"东部经济走廊"综合服务中心的建设，将提供更加简便快捷的投资服务。

随着产业升级，泰国人才需求尤其是掌握特殊技能人才的需求将会增加。泰国内阁要求教育部制订清晰的人才发展计划，尤其增强科技和创新产业方面的人才培养。泰国劳工部建立了高校、职业技术学院、职业技术培训中心多方合作模式，提升技术人员素质。2017年4月14日，巴育总理以维安委主席的身份签署两项特别命令，为全球知名高校在"东部经济走廊"内开设分校提供政策支持，提升该区域的科研软实力。① 泰国还与新加坡、日本、澳大利亚等国联合制定技术和创新人才合作培养战略，借鉴先进的人才培养经验。② 2017年7月泰国内阁批准了一项预算额达6亿泰铢的"东部经济走廊"现代化技术人才培养战略计划的议案，要求加快国内高等教育师资队伍培养计划，促成行业和高校建立专项科研实验室，

① Xy zhou，《巴育总理拟颁"特令"引入哈佛大学等全球名校在EEC开分校》，泰国中华网，2017年4月14日，https：//thaizhonghua. com/2017/04/14/47334. html，登录时间：2018年6月20日。

② Xy zhou，《面向EEC的泰、日人才和教师团队培养计划获得内阁批准》，泰国中华网，2018年3月29日，https：//thaizhonghua. com/2018/03/29/63369. html，登录时间：2018年6月20日。

增加国内科研人员的储备，未来5年，至少培养19.5万人掌握现代科学技术，建设一支高素质专业人才队伍。[①]

3. 推动新城建设，带动国家发展

推动"东部经济走廊"社区发展，将北柳府的城市化、社区、生活质量和环境提升到国际标准；将春武里府打造成为优质旅游景点、区域商业中心和外国企业的国际总部；将罗勇府打造成高新技术产业的特别投资区，成为一流大学、国际学校、医院和医疗中心的聚集中心。"东部经济走廊"作为泰国产业升级、人才培养、物流建设、科技发展、城市发展的重要试点，能够为泰国各地区的发展积累经验，以促进泰国经济社会的平衡发展，发挥国家经济发展新引擎的作用。

二　中泰在"一带一路"与"东部经济走廊"下的合作进展

随着中泰对"一带一路"与"东部经济走廊"的对接日益重视，两国在双边合作机制构建、基础设施建设合作、产业合作结构优化、第三方市场合作等方面取得了明显进展与成效。

（一）"一带一路"与"东部经济走廊"下的中泰合作机制构建

近年来，中泰合作成果丰硕，但战略层面的对接差强人意。随着中国"一带一路"倡议和泰国"东部经济走廊"战略的提出，中泰两国有了战略合作的重要着力点，得到两国高层的大力支持。目前，两国已经签署《共同推进"一带一路"建设谅解备忘录》和未来5年《战略性合作共同行动计划》等纲领性文件，成为中泰经济战略合作的重要基础，构成两国合作的顶层机制设计。

具体来看，在高层互动层面，巴育政府高度重视对华关系，两国高层保持了密切的交流与沟通，李克强总理也在多次与泰国总理巴育的会晤中表达

① Xy zhou，《东部经济走廊人才培养战略计划获内阁支持》，泰国中华网，2017年6月18日，https://thaizhonghua.com/2017/07/18/52888.htm，登录时间：2018年6月20日。

对中泰铁路项目进展的关切，有力推动了铁路的谈判进程。在部委沟通层面，中泰外交部部长形成了常态、稳定的沟通机制，及时有效地沟通解决双方合作中存在的问题；而中泰各部委通过中泰经贸联委会、中泰科技联委会、中泰铁路联委会等联动参与“东部经济走廊”战略，对中泰合作的问题进行密切沟通，根据合作备忘录等合作文件的指导，稳健推进合作项目。在地方合作层面，上海泰国东部经济走廊投资推荐会、中国重庆市与泰国友好合作工作小组会议等，有针对性地开展了双方地方政企合作对话；泰国跨境贸易和投资合作洽谈会、泰中商业论坛、中泰经贸合作论坛为双方政企沟通搭建平台。针对“一带一路”与“东部经济走廊”的对接，中泰依托不同类型的平台，构建起覆盖多领域、各层次的合作机制。

（二）中泰基础设施建设合作稳步推进

自“一带一路”倡议提出以来，中国凭借成熟的基建技术和充足的建设资金，在设施联通领域开展了许多项目，为中泰基础设施建设合作积累了经验。在“东部经济走廊”战略下，中泰铁路合作项目和素万那普机场扩建项目成为双方合作的亮点。

1. 中泰铁路合作项目实质推进

中泰铁路建设既有利于带动泰国沿线地区产业的繁荣，奠定泰国作为地区互联互通枢纽和东盟重要经济中心的地位，又有利于实现泛亚铁路网的突破，是两国“一带一路”框架下的旗舰项目。2018 年 6 月 22 日，泰国副总理颂奇在“泰国大战略动向”说明会上强调，泰国要与“一带一路”对接，特别是实现“东部经济走廊”铁路与中泰铁路合作项目对接，让“东部经济走廊”成为当地的物流中心。[①] 由此可见中泰铁路对于两国发展的重要意义。

中泰铁路项目作为两国交通基础设施建设合作的重点项目，实施过程可谓一波三折。为推动“泰国 4.0”战略及“东部经济走廊”建设，巴育政府开始增加在交通运输基础设施方面的投资，被暂停的中泰铁路项目得以重启，直至《中泰两国关于深化铁路合作的谅解备忘录》的签订才标志

① 付志刚：《泰国东部经济走廊蓄势待发》，光明网，2019 年 1 月 25 日，http：//www. gxswt. gov. cn/zt/jjdm，登录时间：2019 年 1 月 26 日。

着中泰铁路项目的正式敲定，随后双方就成本估算、融资方案、贷款利率以及开发权归属等问题展开了达20多轮的谈判。2017年6月，泰国总理巴育动用临时宪法第44条维和主席特权，免除了10项相关法律对中泰铁路合作项目的约束，加速谈判进程。2017年12月21日，中泰铁路合作项目第一期曼谷—呵叻段正式开工。泰国总理巴育在开工仪式上宣布："中泰铁路合作项目一期工程开工是中泰合作史上的重要节点。"① 这标志着两国基础设施建设合作进入到持续发展的阶段。

需要指出的是，中泰铁路的成功推进虽是两国"一带一路"与"东部经济走廊"对接在互联互通合作上的重要成果，但项目推进的缓慢过程中折射出的中泰交通基础设施建设合作障碍和问题也值得注意。

2. 素万那普机场扩建项目树立榜样

泰国旅游业近年来增长强劲，机场旅客吞吐量更是快速增长。素万那普机场作为泰国最大的国际机场，早在2011年实际吞吐量就超过了设计的4500万人次，近年来更是一直超负荷运营，2017年旅客量突破6000万人次。早在2011年底，泰国机场集团就公布了该机场的二期扩建计划，因军事政变被迫延后。

随着泰国"东部经济走廊"战略的提出，素万那普机场扩建项目被重新提上日程。纵然泰国严格限制外资建筑公司在泰经营，但由于泰国机场集团提出的22个月内完成新候机楼建设招标的要求让泰国本土建筑商望而却步，泰国机场集团迫于工期压力向中国的基建企业抛出了橄榄枝。2017年9月2日，中建集团泰国公司与泰国PLE公司组成的PCS联营体以142.35亿泰铢（约合28.73亿人民币）的价格中标曼谷素万那普机场1号候机楼2—4层和南端连接通道项目，② 该项目成为中资企业在泰承建规模最大的项目。2019年1月28日，素万那普机场扩建项目新候机楼提前约两月封顶，③ 展现了中国基础设施建设的速度，为后续的工程建设赢得了

---

① 马勇幼：《中泰铁路，"一带一路"倡议下的互利共赢之路》，光明网，2018年1月3日，http://news.gmw.cn/2018-01/03/content_27251177.htm，登录时间：2018年5月7日。

② 王国安：《中泰公司联营体中标曼谷素万那普机场项目》，中华网，2017年9月2日，https://3g.china.com/act/news/11038989/20170902/31265611.html，登录时间：2018年4月5日。

③ 王国安：《中国建筑承建泰国素万那普机场扩建项目主体结构提前封顶》，光明网，2019年1月30日，http://economy.gmw.cn/2019-01/30/content_32440757.htm，登录时间：2019年2月8日。

宝贵的时间，成为中泰基建合作的典范。素万那普机场扩建项目表明中泰合作能够实现共赢，并为未来的基建合作树立了榜样。

（三）中泰产业合作与结构优化成效显著

1. 泰中罗勇工业园建设成为典范

泰中罗勇工业园位于泰国东部海岸、靠近泰国首都曼谷和林查班深水港，总体规划面积12平方公里，主要吸引汽配、机械、家电等中国企业入园设厂，计划打造成中国优势产业在泰国的产业集群中心与制造出口基地。至2018年底，园区带动中国对泰国投资超35亿美元，入园企业已达118家，累计工业总值超120亿美元，泰籍员工32000余人，中国员工3000余人。[①] 凭借优越的区位、交通优势、一流的基础设施、优惠的政策和优质的“一站式”服务，泰中罗勇工业园成为“东部经济走廊”战略下中泰产业合作的典范和重要工业园区，带动了两国产业结构的优化升级。

一方面，中资企业进入工业园，利用泰国本地丰富的资源，结合成熟的技术与管理，逐步恢复传统产业失去的市场优势。比如杭州中策橡胶进入泰国投资生产后，不仅能够利用丰富的天然橡胶资源，降低生产成本开拓东盟市场，还能以泰国为产地出口欧美市场，避开欧美国家的反倾销措施，带动泰国橡胶产业海外市场份额的显著提升。目前进驻到罗勇工业园的中国企业大多属于泰国第一波S形曲线的目标产业，如汽车产业、智能电子产业、食品加工业，符合泰国产业比较优势和优化投资要求。

另一方面，中资企业带动国内产业链集群式“走出去”，提升中泰整个产业链的国际竞争力。例如，中策橡胶的投资带动国内橡胶轮胎行业多家配套企业集体入园，形成上下游完整配套的生产链，增强了中泰橡胶产业链的国际竞争力。在中国光伏企业进驻罗勇工业园后，原本只是制作铜导体的泰国德晋昌光电公司与这几家太阳能关联设备的生产企业合作，产品日趋多元化，显示出产业集群发展的优势。

此外，入园的中资企业带来新技术、新材料，还填补了许多泰国产业发展的空白。例如，中国光缆产业技术成熟、行业竞争力大，富通集团

---

① 付志刚：《泰国东部经济走廊蓄势待发》，光明网，2019年1月25日，http：//www.gxswt.gov.cn/zt/jjdm，登录时间：2019年1月26日。

（泰国）通信技术有限公司入驻泰国，填补了泰国光缆技术的空白，目前成为东盟地区最大的现代化光缆工厂，使得罗勇工业园成为中泰产业优化升级的重要平台。

2. 高科技产业合作成效初显

泰国总理巴育曾在“泰国机遇2017”研讨会上表示，“泰国4.0”战略将向高附加值产业全面进军，让科技创新成为泰国经济发展的新引擎。中国投资者也跟随泰国五大未来目标产业的指引，将目光投向数字经济、机器人制造、航空业、生物燃料和生物化学等高科技产业。

中泰数据平台合作成绩亮眼。数字经济是泰国大力发展的领域，“东部经济走廊”向阿里巴巴、华为等中国巨头抛出橄榄枝。近年来，华为与泰国在通信基础设施建设、网络安全及产业数码化上的合作取得了重大进展。华为开放实验平台的运行为泰国提供了新的创新合作平台。该平台一是给泰国企业赋能，将华为信息与通信技术开放给客户和伙伴，用以孵化新标准、新技术和新商业模式，推动泰国的初创企业发展，构建初创企业社区，并帮助泰国中小企业发展。二是针对特定的行业和伙伴进行联合创新，定制适合泰国本地特定行业的创新解决方案，包括：泰国皇家警察eLTE集群创新项目，泰国最大电力公司PEA的电力ICT解决方案联合创新项目，泰国KMITL大学的智慧城市初创合作项目等，持续进行行业解决方案创新。“东部经济走廊”华为云数据中心的建设也将助力泰国云计算业务的发展，提供弹性云服务器、云存储、大数据等服务，满足不同客户对数据管理使用的需求。这些新平台和技术还将支持泰国东部经济创新走廊在生物科技、自动化机器人、智能系统与数码信息科技等的研究。

中泰电子商务经济合作密切。阿里巴巴与泰国市场的合作也日益密切，提升了泰国电子商务领域的发展能力。双方未来的合作还将创新泰国新零售及电商模式，通过高效的数字化销售平台支持泰国农产品面向全球出口，为中小企业和贫困地区提供更多的发展机会，助力泰国成为本地区的电子商务中心，并辐射带动邻国经济发展。2018年4月19日，阿里巴巴与泰国政府在曼谷正式签署了合作协议，根据双方签订的合作备忘录，阿里巴巴将在泰国投资110亿泰铢（3.5亿美元）的资金建设智慧数字中心，以打造泰国产品面向全球出口的基础设施；通过与泰国商会、商务联合会、工业联合会合作，提升泰国企业在数字经济方面的能力；阿里巴巴还将帮助泰国政府培养数字经济人才，利用飞猪等平台推动泰国旅游业的整体数字化转型。

表 2　**阿里巴巴、华为与泰国进行数字经济合作情况**

	时间	合作内容
阿里巴巴集团	2016 年 4 月 12 日	获得泰国最大电商平台 Lazada 的控股权
	2016 年 11 月 1 日	蚂蚁金服与正大集团合作打造泰国版“支付宝”
	2016 年 12 月 8 日	与泰国商务部签署一系列协议，宣布在电商、物流、供应链等领域开展合作
	2018 年 4 月 19 日	与泰国政府正式签署了关于投资、电子商务和旅游等方面的谅解备忘录
华为集团	2016 年 6 月 13 日	在曼谷设立地区总部，成立东南亚第一个科技和创新中心
	2017 年 6 月 2 日	华为开放实验平台在泰国曼谷开幕
	2018 年 6 月 7 日	与泰国的国家创新局和国家科技发展署签署为期 3 年的合作备忘录

资料来源：作者根据泰国中华网、光明网、中国商务部网站、中国驻清迈总领馆经商室网站等资料整理。

其他高科技产业合作取得重要进展。中泰在机器人制造、航空业、生物燃料和生物化学等高科技产业中的合作也取得了许多进展。比如，中泰签署航空运动合作协议，中泰两国将在航空运动及产业配套设施发展领域建立战略合作伙伴关系①；青岛科技大学、泰国宋卡王子大学、橡胶谷集团三方共建中泰国际橡胶学院②等，中泰之间围绕“东部经济走廊”建设的未来目标产业正在展开密切的合作。尤其是，中国科学院建立的曼谷创新合作中心为两国高科技产业合作搭建了桥梁。2018 年 10 月 19 日，中国科学院曼谷创新合作中心与泰国国家科技发展署共同签署了战略合作协议，③ 2018 年 11 月 16 日，中国科学院曼谷创新合作中心和中泰科技产业

① 《中泰签署航空运动合作协议》，泰华网，2018 年 10 月 22 日，http：//www. thaicn. net/news/shgh/2018 - 10 - 22/20087. html，登录时间：2018 年 10 月 7 日。

② 刘艳杰、李鲲鹏：《青岛科技大学与泰中文化促进会签订战略合作协议》，光明网，2017 年 3 月 21 日，http：//difang. gmw. cn/qd/2017 - 03/22/content_ 24034937. htm，登录时间：2018 年 6 月 7 日。

③ 《中国科学院曼谷创新合作中心—泰国皇家 SCG 集团签署战略合作协议》，中科院网站，2018 年 11 月 3 日，http：//www. sari. cas. cn/xwzx/zhxw/201811/t20181103 _ 5153739. html，登录时间：2018 年 12 月 3 日。

园投资有限公司签署协议联合打造中科院泰国高科技产业基地，[①] 双方的合作将推动技术创新和成果转化。中国科学院曼谷创新合作中心为中泰共享高科技创新成果开辟了新渠道，将为泰国经济发展和科技人才培养提供有力支撑。

（四）中日在泰进行第三方市场合作取得初步共识

中国、日本与泰国长期保持密切友好的关系，泰国“东部经济走廊”战略下，中日两国更是泰国的重要合作伙伴。目前，日本企业是“东部经济走廊”的主要投资者，约占该地区外商投资企业总数的50%，侧重投资汽车及零部件产业。[②] 中日企业曾在泰国铁路项目上展开激烈竞争，互相较量压缩了彼此的利润空间，也使双方付出了不必要的竞争成本。目前，中日企业都有意参与连接三大机场的高铁项目，如果继续无序竞争将难以实现共赢。因而，中日两国都急需转变竞争观念，尝试携手合作，促进在泰国的第三方市场开发。

“东部经济走廊”建设蕴含巨大的投资机会，单凭泰国之力无法满足建设需求。泰国总理巴育、副总理颂奇等人在双边和多边场合多次对中、日两国领导人表示，希望中日两国联手投资“东部经济走廊”。泰国总理巴育表示，欢迎中国企业投资泰国“东部经济走廊”建设，支持中国在泰开展三方合作。[③] 三座机场高铁项目更是为中日第三方市场合作提供了契机。2018 年 5 月 3 日，泰国副总理颂奇在与日本国际协力银行时任副总裁前田匡史的会谈中，对中日联合参与连接泰国国内三座机场的高铁网络计划表达了强烈期待。[④] 2018 年 5 月 9 日，李克强总理在与日本首相安倍晋三的会谈中，就设置推进中日在第三国合作的官民委员会的议题达成协

---

① 赵婧楠，《中科院在泰国设立高科技产业基地》，中国新闻网，2018 年 11 月 16 日，http：//www. chinanews. com/gj/2018/11 - 16/8678984. shtml，登录时间：2018 年 12 月 3 日。

② Xie Anli，《泰国放宽东部经济走廊投资限制 加码数字经济》，泰国中华网，2018 年 5 月 6 日 https：//thaizhonghua. com/2018/05/06/64314. html，登录时间：2018 年 6 月 10 日。

③ 《王毅会见泰国总理巴育》，中华人民共和国外交部，2018 年 3 月 31 日，https：//www. fmprc. gov. cn/web/gjhdq _ 676201/gj _ 676203/yz _ 676205/1206 _ 676932/xgxw _ 676938/t1547062. shtml，登录时间：2018 年 5 月 27 日。

④ 汤立斌：《日报文章：中日实力已经逆转 应建立更理性互惠关系》，《参考消息》网，2018 年 10 月 24 日，http：//column. cankaoxiaoxi. com/2018/1024/2343353_ 4. shtml，登录时间：2018 年 10 月 27 日。

议，三座机场间铁路被定位为样板。中日双方可尝试以“产业＋技术＋资本＋市场”的合作模式，就泰国“东部经济走廊”的铁路、公路及城市建设项目展开合作。

三　中泰“一带一路”与“东部经济走廊”合作面临的挑战与问题

必须认识到，中泰“一带一路”与“东部经济走廊”的对接合作并非坦途，仍然面临相当大的挑战和诸多问题。

（一）泰国当前政局不稳，面临政策不确定性

2014年泰国军方通过政变执政至今，总理巴育曾多次使用《泰国王2014年临时宪法》第44条赋予的特权对泰国的行政司法体制进行变革，引起泰国国内不满。泰国“东部经济走廊”战略亦得益于“宪法第44条特权”的推进，虽获得了大部分民众的支持，但也面临军人政府不尊重法律、项目缺乏民众参与的质疑。巴育军人政权为践行“还政于民”的承诺，于2018年12月11日通过泰国国家维持和平秩序委员会发布了让民众、政党参与政治的主席令，允许政党开展竞选活动，但政府多次推迟议会选举日期。2019年3月24日，泰国大选即将进行。大选势必会引发新一轮政治集团与军人集团的博弈，甚至会出现大规模的政治集会和示威游行，大选前后政治和社会不稳定的因素将会增多。

尤其值得注意的是，泰国新未来党提名总理候选人塔纳通公开阐述自己的政见时曾表示，如果当选将要调整中泰关系，并要重新审核中泰铁路项目。对于“东部经济走廊”涉及的大型基建项目来说，泰国政府的稳定性和政策的连贯性非常重要，是保证项目顺利实施的重要条件。泰国政局的持续动荡会导致政府效率变低，进而给中泰合作带来变数和未知的风险。因此，建设周期长、投资大的基础设施项目要做好风险控制，防范泰国政治波动带来的投资风险。

（二）基建项目限制多，合作潜力有待挖掘

基础设施建设既是泰国“东部经济走廊”战略的重点，也是中国企业

“走出去”的优势所在。但是，目前中泰在“东部经济走廊”的基建项目偏少、中泰铁路推进缓慢，暴露出中泰基建合作中存在以下问题：一是，泰国法律对外资企业在泰开展基建项目限制较多，建筑业不是泰国鼓励外资投资的行业，合作要突破诸多法律限制。例如，中泰铁路项目，泰国总理需要依靠宪法第44条排除禁令，特许中国工程师在泰国执行业务，才能继续推动中泰铁路的建设。二是，泰国本土企业基建能力强、融资条件好，泰国政府更愿意与本地基建企业或者有合作经验的日本、美国等企业开展合作，中企难有参与的空间。三是，泰国对大型基建项目审批周期长、手续复杂烦琐、前期投入高，对参与中企的实力造成不小的考验。例如，在中泰铁路项目中，中方多次敦促泰方提高环境评估效率以保证工程进度，而在中方已经签订合同的情况下，环评程序不仅影响合作效率，中方还承担未通过的建设风险。四是，泰国本地劳工的基建工程技术不足、效率不高，难以满足中方的技术要求，但是泰国法律要求每雇用一名中国员工就要至少雇用4名泰国员工，增加了用工的难度。此外，泰国社会仍存在中国基建是否有利于泰国的疑问，民众的抵触情绪依然存在，导致中泰基建合作潜力难以充分发挥。

（三）对中国投资存在担忧，双方认识存在偏差

面对汹涌而入的中国投资，泰国对合作表示欢迎的同时，也表露出担忧：一是，担忧享受投资特权的中国企业会给泰国的市场竞争带来负面影响、挤压中小企业的生存空间，如泰国商人担忧阿里巴巴集团会对泰国进行贸易垄断。二是，担忧中泰铁路项目不能实现双方共赢，例如，泰方认为如果答应中国在铁路沿线土地享有开发权的条件，就等于泰国“失去了自己的领土”，甚至有人认为泰国受控于中国，对泰国十分不利；[①] 另外，泰国政府强调技术转让是中泰铁路合作的基础，但双方对于技术转让的认知存在偏差，泰方担心与中国的高铁合作不能达到获得中国技术的目的。三是，担忧中国投资对未来产业促进作用有限。中国企业目前对于泰国“东部经济走廊”的投资集中在第一波S形曲线

① 张帆、胡燕玲：《“一带一路”倡议之泰国与21世纪海上丝绸之路建设》，熊灵、谭秀杰主编《“一带一路”建设：中国与周边地区的经贸合作研究（2016—2017）》，社会科学文献出版社2017年版，第34—47页。

产业，包括太阳能电池和太阳能电池板制造、金属零件制造、橡胶制品加工、塑料及塑料制品，[①] 中国的高科技企业中仅有华为在泰国设立了地区总部，因此泰方希望在高科技领域能够吸引更多的中国企业进行投资。

（四）中日泰未能达成协议，在泰三方合作遇阻

泰国三座机场间的连接铁路曾被视为中日在泰开展第三方市场合作的标志性项目，但随着日本企业伊藤忠商事、日立制作所和建筑商藤田的缺席，中日泰合作的正大集团阵营未能成形。中日在泰开展第三方合作的标志性项目未能落地，究其原因有三：一是三方对项目盈利的预期不同，伊藤忠商事认为该项目会严重亏损，要求将高铁改建为准高速铁路，但泰国正大集团认为沿线土地的估值上升和主要车站周边的再开发能够弥补铁路亏损；二是三方对于合作目标未能达成共识，泰国政府坚持"1小时连接三个机场"的条件，并反对日本提出建设准高速铁路的方案；三是企业与政府合作目标有差异，中日政府希望通过合作在亚洲地区获得最大经济权益，但是企业往往按照项目收益和经济合理性采取行动，不会轻易随着政治意图改变意向。由此可见，第三方合作作为"一带一路"合作新模式还面临不少障碍，中日在泰开展第三方合作的走向还不明朗。

四　推动中泰"一带一路"与"东部经济走廊"对接合作的建议

中泰在"一带一路"倡议和"东部经济走廊"战略下的对接获得两国政府和企业的高度认同和支持，虽然面临不小的挑战和棘手的问题，但是仍可采取以下有针对性的对策措施，加快推进对接合作的进程。

---

① 《东部经济走廊正式启动：支持泰国未来经济发展的重要因素》，开泰研究中心，2018年2月9日，https://www.kasikornresearch.com/ch/analysis/k-econ/economy/Pages/36811.aspx，登录时间：2018年6月8日。

（一）深化合作互信，提高抵抗风险能力

泰国“东部经济走廊”建设得到《东部特别经济开发区法案》的法律支持，泰国工业部部长坞塔玛近期表示，投资政策不会因为任何原因而中途变道，更不会因为政府变更而改变其发展轨道。① 而备受关注的中泰铁路项目也被纳入提高泰国国家竞争力的物流系统发展规划，预计将会持续推进。对于“一带一路”与“东部经济走廊”战略的对接，中泰两国构建了多元的交流渠道，形成了多样的合作机制。尽管如此，中泰两国高层仍应着眼于战略合作的长远发展目标，加强沟通深化互信，统筹规划协调合作机制，以保持对接合作的政策连续性与机制稳定性。面对泰国未来可能出现的不稳定政治环境，中国企业则要强化抵御风险的能力。首先要强化风险意识，将风险管控理念融入企业文化；其次要加强海外投资风险管控体系建设，健全海外投资风险制度体系，完善海外投资风险管理的组织体系，善于运用海外投资风险管控工具；最后要在投资前做好风险的识别及评估工作，并制定对应措施以便最大限度降低风险管控成本。

（二）转变合作思路，提升基建合作水平

面对中泰铁路合作中出现的问题和中泰基建合作的种种局限，唯有转变合作思路才能提升双方合作的水平。现阶段，中国企业在泰直接承包项目难度大、风险高，可以采取以下策略：一是将合作环节从施工向设计、咨询等上游产业链拓展，带动中国标准“走出去”；二是减少与泰国本土工程企业的竞争，利用泰本土企业信息灵通、人脉资源丰富、拿项目能力强的优势，选择在技术、资质和资金上提供支持从而与其开展合作；三是通过中泰铁路等示范性项目，组织企业精干力量，安全科学高标准施工，按时保质保量完成项目建设，树立中国企业的良好形象，为进一步合作打下坚实基础。

---

① Xy zhou，《EEC 政策发展规划不会因政府变更而中途变道》，泰国中华网，2018 年 8 月 12 日，https：//thaizhonghua. com/2018/08/12/67428. html，登录时间：2018 年 10 月 11 日。

（三）加强合作认识，实现双边合作共赢

针对泰国社会出现对中国投资的诸多担忧，两国须在各层面加强对于合作收益的认识，广泛接触泰国各阶层群众，充分听取民意，防止不良舆论愈演愈烈。一方面，针对与中国的投资合作，泰国政府首先应向民众表明与中国投资者合作有利于国家整体利益，同时要及时制定政策维护平等的市场竞争；其次，针对中国高科技产业对泰投资较少的情况，泰国政府需要实施更多的非关税优惠措施来吸引高科技企业，如构建高新产业合作平台、颁布高新产业特殊优惠政策等，为高新企业在泰投资创造良好的环境。另一方面，中资企业一是要在泰投资信守合作承诺，进行必要的技术转移，帮助提升泰方的技术和管理能力；二是应该注重中泰合作项目带来的惠民效果，使泰国民众认识到两国合作确实能够促进自身利益。此外，还应发挥各类中泰合作机制和政策的引导作用，对两国产业合作进行科学的规划安排，鼓励中国有实力的高科技企业在泰国发展，实现两国的合作共赢。

（四）培育合作信心，促进中日泰三方合作

纵然泰国三座机场间的铁路项目无奈落空，但是中日作为泰国“东部经济走廊”的重要投资国，两国在泰合作的前景仍然广阔。在基建合作方面，中国具备资金雄厚、造价低廉、建设速度快、工人经验丰富、管理效率高等优势，日本拥有长期在东南亚国家进行基础设施建设的丰富经验，并主打“高质量”和“全周期管理”，面对泰国东部未来的建设需要，中日企业具备互补的优势；在产业发展方面，日本汽车制造、半导体等产业仍占据着价值链的高端，同时食品加工有一流的技术，中国则在新能源汽车、光伏发电、生物科技等领域获得了长足发展，中日具备在产业链上合作的条件，但需要政策引导和科学规划，避免盲目竞争；在企业合作方面，中国中信集团、日本伊藤忠商事、泰国正大集团通过相互持股、共同投资等资本项目合作，已形成利益捆绑、风险共担的战略合作伙伴，是中日在泰合作的重要主体，可为三方合作的开展培育信心并创造可能条件。

The Synergy of the Belt and Road Initiative and the Eastern Economic Corridor Strategy: New Highlights of Sino-Thai Cooperation

Xiong Ling Du Ying

Abstract The Eastern Economic Corridor strategy proposed by Thailand is highly compatible with China's Belt and Road Initiative and has become a new bright spot of China-Thailand cooperation. The synergizing and collaborating between the Belt and Road Initiative and the Eastern Economic Corridor strategy has been highly valued by the two governments. The Sino-Thai cooperation mechanism has been continuously improved; the infrastructure projects have been steadily advanced; the industrial cooperation has achieved initial goals; the third-party market cooperation has reached consensus. Through the synergizing and cooperation, China-Thailand relations have achieved considerable development. However, there are still many problems and challenges faced by China-Thailand cooperation, arising from the current political instability in Thailand, many restrictions on cooperative infrastructure projects, Thai people's growing concerns about Chinese investment, and the yet formation of third-party cooperation models. Only by deepening cooperation and mutual trust, transforming cooperation ideas, strengthening understanding of cooperation, fostering confidence in cooperation, and grasping strategic opportunities, can the two countries create a new pattern of Sino-Thai cooperation.

Key Words Belt and Road Initiative; Eastern Economic Corridor Strategy; Sino-Thai Cooperation; Synergy

Authors Xiong Ling, Ph. D., Associate Professor and Assistant Dean of the China Institute of Boundary and Ocean Studies, Wuhan University; Du Ying, Graduate Student, China Institute of Boundary and Ocean Studies, Wuhan University.

越南“两廊一圈”战略与“一带一路”倡议对接研究

金　丹

【摘要】自2004年和2013年越南“两廊一圈”和中国“一带一路”倡议提出以来，双方凭借着坚实可靠的政治、经济、资金、设施和民心基础，推动两大战略对接取得了一定成果，但同时两大战略的对接仍然面临着两国基础设施推进慢、经贸摩擦大、民间互信不足的内在困难和南海问题、域外大国干扰的外部挑战，需要中越从战略高度和长远角度看待和发展双边关系，夯实政治基础、扩大经济合作、筑牢社会根基、减缓外部压力，以更加包容的协商态度促进高效的协调行动。

【关键词】“一带一路”　“两廊一圈”　战略对接　越南

【基金项目】2017年广西大学人文社科项目“‘一带一路’背景下深化中越合作的社会资本培育对策研究”（项目批准号：XBS1702）

【作者简介】金丹，广西大学中国—东盟研究院副研究员，博士。

自2004年越南“两廊一圈”战略提出以来，中越两国在此框架下开展合作并取得了一定成果，特别是促进了越南北方省市与中国西南省市开展基础设施互联互通和贸易便利化合作，极大地推动了两国交界地区经济的发展。越南作为“一带一路”沿线的关键节点国家，既是中国企业走出国门的重要门户，也是中国推进与东盟合作的重要“桥梁”。加快推进越南“两廊一圈”和“一带一路”倡议的对接是两国经济发展的双赢之举，对巩固东盟成员国对“一带一路”的共识、拓展合作空间起到很好的示范作用。

一 越南"两廊一圈"战略与"一带一路"倡议对接的可行性研究

从"两廊一圈"与"一带一路"的历史定位、重点发展领域、合作机制及发展路径来看，两种战略对接具备较高的可行性，符合两国和两国人民的根本利益。

一方面，两大战略的历史定位具有相似性，它们都是在不同时期及国际形势下，把握与应对经济全球化、区域一体化的机遇与挑战的不同尝试。历史上，地处中越交汇地带的"两廊一圈"曾经是民族矛盾频发、交通设施薄弱、经济发展落后的区域。为了打通这条经济带，促进该地区和平、稳定和繁荣，越南提出了"两廊一圈"的战略构想，即中越共同建立"南宁—谅山—河内—海防""昆明—老街—河内—海防"两个经济走廊和"环北部湾经济圈"。[①] 而中国的"一带一路"倡议是在世界经济复苏乏力和国内经济"增速换挡"、下行压力较大的背景下提出的，旨在推动中国与沿线国家开展全方位务实合作，共同打造政治互信、经济融合、文化包容的利益共同体、命运共同体和责任共同体。可见，历史定位的相似性为两大战略的对接创造了先决条件。

另一方面，两大战略在发展目标、重点发展领域、合作机制、发展路径上具有相似性。"两廊一圈"以促进两国边境地带交通基础设施互联互通和经贸繁荣为目标，从构建通道和发展港口经济为切入点，重点打造交通物流走廊，与"一带一路"倡议以发展与沿线国家经济合作关系，共同打造政治互信、经济融合、文化包容的共同体为目标，以发展经贸和基础设施为重点具有相似性；在合作机制上，"两廊一圈"重点依靠中越既有的双多边合作机制如中国—东盟自贸区（CAFTA）、大湄公河次区域合作（GMS）、澜湄合作（LMC）等，与发展"一带一路"所提出的充分依靠中国与沿线国家既有的双多边机制如世界贸易组织（WTO）、东盟自贸区、大湄公河次区域合作、澜湄合作（见表1）具有重叠性；在发展路径上，两大战略都是依托具体项目进行推进。可见，

① 蓝瑶：《中越"两廊一圈"构想与澜湄合作机制战略对接的逻辑与路径探析》，广西大学中国—东盟研究院网，2017年4月11日，http://cari.gxu.edu.cn/info/1354/12388.htm，登录时间：2018年5月10日。

两大战略从合作目标到推进路径的相似性为两种机制的对接创造了充分条件。

表1　“两廊一圈”与“一带一路”战略目标、合作重点、合作机制趋同性比较

	越南“两廊一圈”	中国“一带一路”
战略目标	在中越边境省区间构筑一个平台，促进两国边境地带交通基础设施互联互通和经贸繁荣。	发展与沿线国家经济合作关系，共同打造政治互信、经济融合、文化包容的利益共同体、命运共同体和责任共同体
合作重点	交通基础设施、物流通道	交通基础设施、经贸领域
合作机制	中越既有的双多边合作机制如澜湄合作、大湄公河次区域合作、中国—东盟自贸区（CAFTA）等	利用沿线国家现有的双多边合作机制和区域合作平台①，如大湄公河次区域合作、澜湄合作，亚太经合组织等

资料来源：笔者根据相关资料整理。

二　越南“两廊一圈”与“一带一路”对接的基础

（一）政治基础

近几年来，中越两国高层就“两廊一圈”与“一带一路”倡议的对接达成了广泛的共识，为两大战略的有机衔接在政治方针上提供了先驱导向（见表2）。2015年4月，越共中央总书记阮富仲在访华期间表示，越方正积极研究参与“一带一路”建设，希望同中方加强各领域合作。7月，中国国务院副总理张高丽访越，提出推动“一带一路”同“两廊一圈”战略的有效对接，加强双方在产能、人文等领域的交流合作。11月，中国国家主席习近平访越并与越方达成加紧磋商“一带一路”和“两廊一圈”框架内合作，协调推进两国多领域产能合作的共识。2016年9月，越南政府总理阮春福访华，同意与中方加紧推进“一带一路”和“两廊一圈”发展战略对接，打造产能合作新平台，加紧推进基础设施和跨境经济合作区建设。11月，中国全国人大常委会委员长张德江访越，提出加快商谈“一带

① “一带一路”现有的双多边合作机制主要有：世界贸易组织、中国—东盟“10+1”、亚太经合组织、大湄公河次区域经济合作、澜湄合作等。区域合作平台主要包括各国区域、次区域相关国际论坛、展会，如博鳌亚洲论坛、中国—东盟博览会等。

一路”和“两廊一圈”对接建设合作文本，使合作成果惠及两国和两国人民。2017 年 1 月，越共中央总书记阮富仲访华，同意与中方积极推进“一带一路”倡议和“两廊一圈”战略的对接，加强两国产能合作沟通。5 月，越南国家主席陈大光访华并出席“一带一路”国际合作高峰论坛，双方提出将加快商签对接“一带一路”倡议和“两廊一圈”框架合作备忘录。11 月，习近平总书记出访越南时，正式与越方签署了《共建“一带一路”和“两廊一圈”合作备忘录》，自此“两廊一圈”被纳入“一带一路”倡议框架下，成为中越发展大战略的对接点。2018 年 11 月，越南政府总理阮春福访华，对两国朝着促进互利共赢方向推进“一带一路”倡议和“两廊一圈”对接表示欢迎。

表 2　**中越高层就“一带一路”与“两廊一圈”对接所达成的共识**

时间	出访领导人	核心共识
2015. 4. 7—10	越共中央总书记阮富仲访华	发表《联合公报》，越方表示正积极研究参与“丝绸之路”建设，希望同中方加强各领域合作
2015. 7. 16—18	中国国务院副总理张高丽访越	积极推动“一带一路”建设同“两廊一圈”建设有效对接，争取尽早取得早期收获
2015. 11. 5—6	中共中央总书记、国家主席习近平访越	发布《联合公报》，就扩大“一带一路”和“两廊一圈”框架内合作和加强产能合作达成共识
2016. 9. 10—15	越南政府总理阮春福访华	发布《联合公报》，积极推动“一带一路”建设同“两廊一圈”建设有效对接合作
2016. 11. 8—11	中国全国人大常委会委员长张德江访越	加快商谈“一带一路”和“两廊一圈”对接建设合作文本，造福两国人民
2017. 1. 12—15	越共中央总书记阮富仲访华	发布《联合公报》，提出做好双边合作总体战略规划，推进“一带一路”和“两廊一圈”对接
2017. 5. 11—15	越南国家主席陈大光访华	发布《联合公报》，提出加快商签对接“一带一路”倡议和“两廊一圈”框架合作备忘录
2017. 11. 12—13	中共中央总书记、国家主席习近平访越	双方签署了《共建“一带一路”和“两廊一圈”合作备忘录》，并发表联合声明

资料来源：根据广西大学中国—东盟研究院《越南所每日一报》整理。

（二）经济基础

从双边贸易及投资体量来看，中越间频繁的经贸往来为两国发展战略的对接打下了良好的经济基础。2018 年，中越双边贸易额突破 1000 亿美元大关，约达 1067 亿美元（见表 3），同比增长 12.71%。越南已经连续 3 年成为中国在东盟的最大贸易伙伴，中国则连续 15 年成为越南第一大贸易伙伴，其中，越南对中国出口的商品额约达 412.68 亿美元，同比增长 58.64 亿美元；越南从中国进口的商品额约达 654.38 亿美元，同比增长 68.46 亿美元；越南对华贸易额在越南对外贸易总额中占比呈增长趋势，从 2013 年的 19% 提升到 2018 年的 22%。中国在越南投资项目的注册资金和数量都在高速增长，投资领域也在发生变化，具备高科技、高附加值、环境亲善型的企业开始逐步走进越南。越南计划投资部最新统计数据显示，截至 2018 年 12 月 20 日，中国对越投资总额为 24.6 亿美元，在当年外资来源地中排名第五。①

表 3　2013—2018 年中越贸易金额及越南对中国贸易逆差总额　（亿美元）

年份	越南进出口总额	越南对中国进出口总额	越南对中国进出口额占越南进出口总额之比（%）	越南对中国逆差总额
2013	2640	501	19	237
2014	2980	585	19.6	290
2015	3278	663	20.2	323
2016	3492	719	20.6	280
2017	4249	936.9	22	227.6
2018	4822.3	1067	22.1	241.7

资料来源：越南统计总局。

① 《2018 年越南利用外资平稳增长》，中国驻越南大使馆经商参处，2018 年 12 月 27 日，http://vn.mofcom.gov.cn/article/jmxw/201812/20181202820552.shtml，登录时间：2019 年 2 月 11 日。

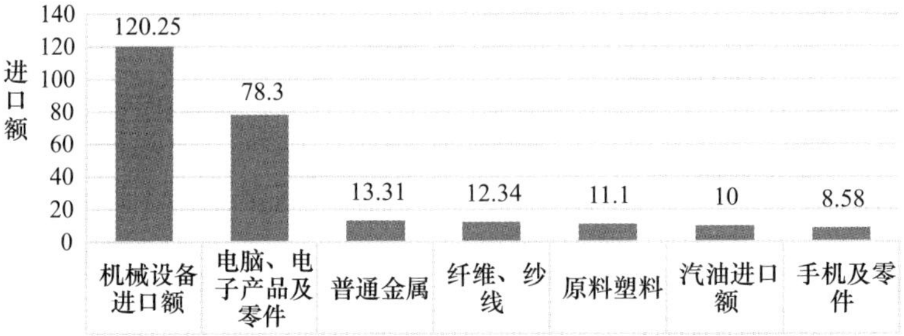

图 1　2018 年越南从中国进口的主要商品及金额（亿美元）

资料来源：越南海关总局。

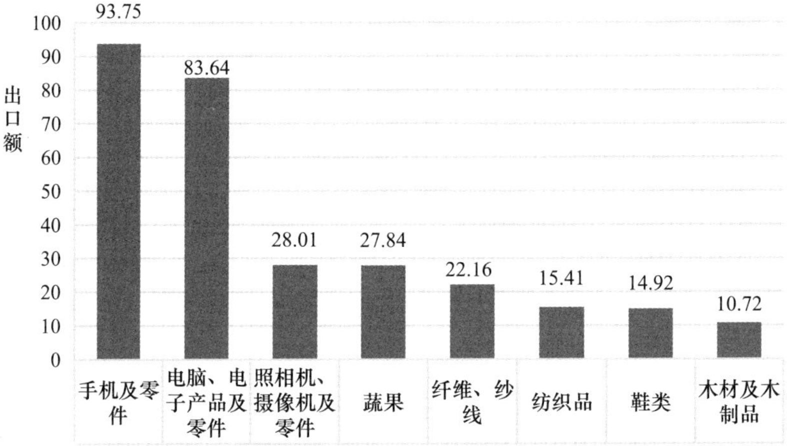

图 2　2018 年越南对中国出口的主要商品及金额（亿美元）

资料来源：越南海关总局。

表 4　2015—2018 年中国对越南投资总额及排名（亿美元）

年份	当年中国对越南投资总额	中国对越南累计投资项目数（个）	中国对越南累计投资总额	当年在对越投资国家中排名
2015	7.34	1284	99	第十
2016	18.75	1536	117.75	第四
2017	21.7	1820	139.45	第四
2018	24.6	——	164.05	第五

资料来源：越南统计总局。

（三）设施联通基础

尽管中越在基础设施联通方面推进较慢，但也取得了一些进展。目前，中越在建或已经完工的重大基础设施互联互通项目主要有"三高两铁三桥"。

"三高"，是指中越合建的三条高速公路。一是"南宁—凭祥（友谊关）—谅山—河内高速公路"，其中南宁—凭祥路段已建成通车，越南河内—凭祥路段全长约153公里，分三段实施。河内—北江段、北江—谅山段在建，谅山—凭祥段正在开展施工招标。二是"南宁—东兴—芒街—下龙—河内高速公路"，其中广西南宁—东兴高速公路已建成通车，越南境内河内—芒街段全长280公里，分四段实施。其中云屯—芒街段高速公路作为双方合作的重点项目被写入2015年11月习近平访越时两国发布的《联合声明》中。云屯—芒街段目前正在招标，该段设计长96公里4个车道，预计一期投资3.82亿美元，工期48个月。[①] 其余路段均在建或已建成。三是"百色—龙邦—高平—河内高速公路"，其中广西百色—靖西段已建成通车，靖西—龙邦段2018年也已建成通车，越南境内全线正在推进规划工作。[②]

"两铁"，是指中越合建的两条铁路。一是"南宁—凭祥（友谊关）—同登—河内铁路"，其中中国境内南宁—凭祥路段扩能改造已初步纳入国家铁路发展"十三五"规划，2017年开工建设。越南境内河内—同登段已纳入越南国家铁路网规划。二是"防城港—东兴—海防—河内铁路"，其中中国境内段已按双线250公里/小时标准编制完成可研修编，2017年已开工建设；越南境内芒街—下龙段已纳入越南国家铁路网规划。[③]

"三桥"，是指中越合建的三条桥梁。一是"中越北仑河二桥"，该桥位于中国广西东兴市与越南广宁省芒街市交界的北仑河上，桥梁全长549米，其中中方桥长394.5米，越方桥长154.5米。该桥中方侧项目于2014

---

① 《基建投资缺口大 越南称对中国贷款一视同仁》，财新网，2016年8月2日，http://international.caixin.com/2016-08-02/100973327.html，登录时间：2019年2月10日。

② 《广西加快建设有机衔接"一带一路"的南北陆路新通道》，《广西日报》2017年2月20日，http://news.eastday.com/eastday/13news/auto/news/china/20170220/u7ai6518882.html，登录时间：2019年2月10日。

③ 同上。

年4月1日开工，2016年12月25日竣工完成验收。[①] 越方侧项目于2014年11月22日开工，2017年9月13日竣工完成验收。目前，该桥已正式落成并投入使用。二是“水口—驮隆二桥”，该桥位于中国水口口岸与越南驮隆口岸交界的洞桂河上，全长433.5米，计划投资1820万元人民币，建设工期为两年。目前该桥中方侧已于2017年5月开工建设。三是“峒中—横模大桥”维修改造工程。该桥位于中国广西防城港和越南平辽县之间，是一座常年漫水的小桥，计划投资684.9万元人民币（中方466.5万元，越方218.4万元）改造桥梁。目前中方侧于2016年5月开工建设，越方侧于2017年1月开工建设，整个项目建设工期约为一年。[②]

表5 **中越在建或已经完工的重大基础设施互联互通项目**

三高	南宁—凭祥（友谊关）—谅山—河内高速公路	中国境内	南宁—凭祥（友谊关）	建成通车
		越南境内（分三段）	河内—北江段	在建
			北江—谅山段	在建
			谅山—凭祥（友谊关）段	正在招标
	南宁—东兴—芒街—下龙—河内高速公路	中国境内	南宁—东兴段	建成通车
		越南境内（分四段）	云屯—芒街段	正在招标
			其余路段	在建或已建成
	百色—龙邦—高平—河内高速公路	中国境内（分两段）	百色—靖西段	已建成通车
			靖西—龙邦段	建成通车
		越南境内	其余路段	规划
两铁	南宁—凭祥（友谊关）—同登—河内铁路	中国境内	南宁—凭祥	2017年开工
		越南境内	河内—同登	规划中
	防城港—东兴—海防—河内铁路	中国境内	防城港—东兴	2017年开工
		越南境内	芒街—下龙段	规划中

① 《防城港市加快中越北仑河公路二桥（中方侧）配套设施建设》，人民网，2017年1月24日。http://gx.people.com.cn/n2/2017/0124/c371363-29641236.html，登录时间：2019年2月10日。

② 《“一带一路”与“两廊一圈”加速对接中越贸易今年有望破千亿美元》，《21世纪经济报道》网站，2017年5月19日，http://epaper.21jingji.com/html/2017-05/19/content_62626.htm，登录时间：2019年1月11日。

续表

三桥	中越北仑河二桥	2017年9月全桥正式落成并投入使用
	水口—驮隆二桥	中方侧已于2017年5月开工建设
	峒中—横模大桥	中方侧于2016年5月开工，越方侧于2017年1月开工

资料来源：根据广西大学中国—东盟研究院《越南所每日一报》整理。

（四）资金融通基础

在“一带一路”框架下，中越资金融通取得了积极进展，中国贷款为越南工业化进程和经济社会发展作出了重要贡献。2015年4月，越共总书记阮富仲访问中国，两国宣布正式成立基础设施合作工作组和金融与货币合作工作组，两国金融合作稳步推进。目前，中越“一带一路”合作的融资平台主要有两个：一是亚洲基础设施投资银行（简称“亚投行”）。2015年6月29日，越南作为亚投行的创始国在北京签署了《亚洲基础设施投资银行协定》。2017年3月7日，亚投行行长金立群访越时向越南政府总理阮春福表示，亚投行将向越南提供优惠信贷推动越南基础设施发展，并且承诺向越南私营企业提供各项信贷款项，而不需要政府担保。二是中国进出口银行。截至2016年底，中国进出口银行对越南批准21个“两优”贷款（政府优惠贷款和优惠出口买方信贷）项目，涉及能源、电力、制造业、基础设施等领域，批贷金额超过20亿美元。为了推进云屯—芒街高速公路等基础设施互联互通合作，中国进出口银行提出可为该项目提供3亿美元优惠出口买方信贷。2017年5月11日，中国进出口银行董事长胡晓炼与越南财政部副部长武氏梅签署越南河内轻轨二号线项目追加援外优惠贷款协议。

（五）民心相通基础

“一带一路”倡议提出五年多来，中越在文化、教育、旅游、医疗、出版等领域加强合作，取得了诸多务实成果。一是文化教育方面，2013年中越签订了《关于互设文化中心的谅解备忘录》和《关于合作设立河内大学孔子学院的协议》，有效推动了两国人文教育领域的交流合作。2014年，广西师范大学与河内大学合作共建了越南第一所孔子学院，成为推动中越两国教育文化交流的重要基地。2015年，中越两国文化部在河内签署了《2016—2018年中越两国文化交流执行计划》，对今后三年的中越双边文化交流进行了规划。2016年，中越两国教育部部长在中国人民大会堂签署了《中越2016—2020年教育交流协议》，进一步推动两国教育合作发展。二是旅游方面，2015年，中越两国签订了《合作保护和开发德天瀑布旅游资源协定》，使得德天—板约瀑布国际合作区成为中越首个跨境旅游合作区。2017年，中越两国签署了《中国国家旅游局和越南文化体育旅游部2017—2019年旅游合作计划》，为中越旅游深度合作提供强劲动力。2018年，赴越南旅游的中国游客量约达500万人次，同比增长23.9%，中国已连续18年成为越南最大的旅游客源市场。三是医疗卫生广播出版等领域。2017年1月，越共总书记阮富仲访华期间，中越双方签订了《关于合作开展越南公共医疗卫生领域专项援助谅解备忘录》《中国红十字会与越南红十字会合作备忘录》《中国国际广播电台与越南之声电台合作协议》《中国人民出版社与越南真理国家政治出版社2017—2021年合作协议》《中国中央电视台与越南电视台关于合拍电视专题片的谅解备忘录》《中国人民对外友好协会与越南友好组织联合会2017—2021年合作备忘录》等合作文件，为进一步深化两国民心相通奠定了坚实基础。

三　越南“两廊一圈”与“一带一路”对接所面临的困难和挑战

（一）内部困难

1. 基础设施联通推进较慢

尽管中越在基础设施联通方面已经取得了诸多成绩，但是总体推进速度较慢，主要原因有三：一是资金缺乏。中越边境地区经济发展水平普遍落后，特别是与中国接壤的越南北方7省[①]的经济发展水平更低，其人均GDP仅为越南平均水平的60%[②]。尽管越南早在2012年就公布《到2020

① 主要包括莱州、奠边府、老街、河江、高平、谅山和广宁。

② 《除了资金困难，还有很多原因导致中越互联互通对接仍存障碍》，今日头条，2015年11月17日，https://www.toutiao.com/i6217938943757779457/，登录时间：2018年8月23日。

年谅山—河内—海防—广宁经济走廊发展规划的决定》，但资金缺口较大致使两国互联互通建设推进缓慢。二是两国基础设施采用的技术标准不同。在铁路轨道方面，越南铁路大多都是窄轨，因而很难与中国的标准轨铁路网实现对接。此外，两国在电力输送和通信技术标准等方面也存在一定差异，阻碍了两国基础设施互联互通合作的进一步展开。三是两国缺乏统一的基础设施规划。“以广西与越南边境四省为例，两国间缺乏统一的整体规划，广西一类口岸的高速公路都已基本建成通车，但与广西口岸接壤的越南边境四省口岸，大部分高速公路仍然处于规划招标阶段，同时，两国间现存的监管设施不一致，尚未实现信息共享，通关便利性较差，能源、通信等基础设施均未实现互联互通。”①

2. 经贸摩擦较大

首先，越南对华贸易逆差较大。尽管前几年越南对华贸易逆差一直在减少，但是2018年又开始出现反弹而且规模高达241.7亿美元，同比上升6.2%，中国仍然是越南最大贸易逆差国。其次，在投资方面，虽然中国对越南投资项目多，但项目的注册资金少，投资质量不高，缺乏一些高科技环保型项目，而且一些中国企业在投资和经营过程中没有严格遵守越南的法律。如台塑集团河静钢铁兴业责任有限公司违法排污造成的越南中部环境污染事件，就影响了中国企业在越南的民众信任度和社会声誉，降低了中国企业在越南投资的竞争力。最后，在工程承包方面，中国承包商还普遍存在以下问题：拖延工期导致预算增加；聘用本国的非熟练技术工人，让其凭旅游签证在越南非法打工；在工程建设过程中发生安全事故；中国总承包商将工程下分给没有经验的分包商，导致工程质量堪忧等。如通过中国ODA贷款资金，由中铁六局作为工程总承包商，按照EPC总包形式进行操作的越南河内吉灵至河东线轻轨工程，在不断增加预算的背景下，花费七八年时间依旧没有通车，不仅造成河内城市交通的拥堵，更是让越南普通民众对中国工程堆积了不满。

3. 民间互信不足

美国民调机构皮尤研究中心（Pew Research Center）公布的2017春季全球态度民调显示，在亚太地区的7个主要国家里，越南民众对华好感度

① 《除了资金困难，还有很多原因导致中越互联互通对接仍存障碍》，今日头条，2015年11月17日，https://www.toutiao.com/i6217938943757779457/，登录时间：2018年8月23日。

位列倒数第一，仅有10%的受访越南民众对中国表示好感（见图3），远远低于该地区民众对华好感的平均值（37%）。[1] 低的民间互信严重干扰和破坏了中越在诸多领域的合作。历史因素及国力相差较大，导致越南对中国在潜意识中有着防备心理，不愿轻易放开中越边境公路、铁路等交通基础设施的建设。越南官方虽然表面上说欢迎中资企业前来投资，可是到了越南才知道不管是官方还是民间，都对来自中国的企业充满了敌意，比如怀疑中国的产品质量不好（源于越南媒体对中国“毒芒果”“毒苹果”的失实报道），或是认为雇佣中国劳工没有解决越南本地就业，又或是认为中国会掠夺越南的资源、污染环境，甚至还担心有什么阴谋诡计，等等。总之，双方缺失互信基础阻碍了“两廊一圈”与“一带一路”的对接。

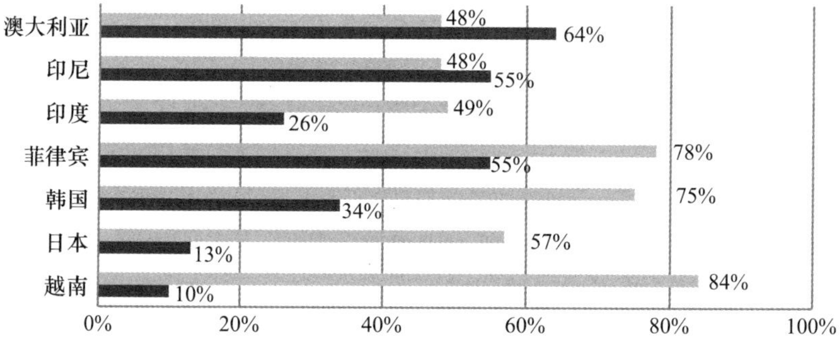

	越南	日本	韩国	菲律宾	印度	印尼	澳大利亚
■对美国有好感	84%	57%	75%	78%	49%	48%	48%
■对中国有好感	10%	13%	34%	55%	26%	55%	64%

图3　亚太地区七国对中、美两国好感度民调数据

资料来源：Spring 2017 Global Attitudes Survey，Pew Research Center。

（二）外部挑战

1. 南海问题

南海问题牵涉五国六方[2]，又受美日等域外大国干预，矛盾极其复杂。

---

① 蓝瑶：《推进中越民间外交的意义构建与路径解释》，《中国—东盟研究》2017年第4辑，第101—119页。

② 五国六方中的“五国”具体包括中国大陆、越南、菲律宾、文莱、马来西亚五个相关国家；“六方”包括中国大陆、中国台湾、越南、菲律宾、文莱、马来西亚六个相关方。

越南实际控制的岛礁多，在东盟国家中立场最为强硬，曾经多次与中国在南海海域发生对峙和冲突。2014 年越南国内爆发震惊中外的"5·12"暴力反华事件。总之，南海问题成为制约中越关系发展的最大难题，由于越南认为海上丝绸之路可能牵扯主权问题，所以保持高度警惕。

2. 域外大国的挑衅

域外美国、日本等国，长期与越南保持着较为密切的沟通与合作关系。越南作为美国实施"亚太再平衡"战略的重要区域，无论是前总统奥巴马还是现任总统特朗普，都十分重视与越南在各领域开展合作。经济上，尽管美国退出了"跨太平洋伙伴关系协定"（TPP），但是美国依然是越南的重要经贸合作伙伴和商品主要出口国。"政治上，美国政界、军界高官多次访问越南，向越南表达提升政治互信、加强合作的意愿。"[①] 安全上，越南是美国在亚太地区重要的安全合作伙伴，美国加大与越南的安全合作，向越南出售先进武器装备，派出军舰、飞机配合巡航南海等。与美国类似，日本也将越南作为对外政策实施的重要区域，加强与越南的合作交流。近年来，日本政府多次派遣政界、军界、商界高官访问越南，向越南提供大规模的官方发展援助，深化与越南在经贸领域的合作。总之，美国和日本试图在政治、经济、安全等领域与越南加强合作，以便拉拢越南加入遏制中国的多边体系，使得中越两国实现"两廊一圈"与"一带一路"对接的尝试面临信任赤字的挑战。

四　越南"两廊一圈"与"一带一路"对接的路径

（一）夯实政治基础，密切两国高层政策沟通

中越在经贸等领域的合作首先有赖于两国政府高层战略互信的深化。两国政府高层应深化了解、加强互动，应多做实事、真诚相待，从政治层面为两国经贸等领域的全方位合作清除障碍，铺平道路。其次，中国要统筹边境省区与越南的相关布局。例如，广西和云南都具有各自的区位优势、发展特色以及与越南发展合作的潜能，因此建立广西、云南对越南的

① 夏苇航、刘青才：《"21 世纪海上丝绸之路" 倡议视域中的中国—东盟关系》，《社会主义研究》2017 年第 6 期，第 140—141 页。

“一带一路”工作统筹小组，专门负责协调规划两省区如何携手合作、共同融入“一带一路”，如何合力打造“中国—东盟自由贸易区升级版”，如何在中越“两廊一圈”经济合作中相互配合、相互支持等。因此，国家应该对两省区与越南衔接的基础设施、产业发展等重点领域作出相应的指导和专项规划。“一带一路”在越南的合作需要寻求支点，找好支点地区与越南开展合作较容易推进的领域，如跨境基础设施和边境口岸建设、物流通道建设等合作领域，然后以点带面，逐渐推进两国共建“一带一路”和“两廊一圈”。

（二）扩大经济合作，积极推动民营企业走出去

首先，充分利用中越两国在自然资源禀赋和经济发展阶段上的差异性，把握双边合作机制和多边合作机制带来的机遇，逐渐减少或消除关税和非关税壁垒，促进货物、服务、贸易、劳务自由流动。其次，积极鼓励拥有高新技术的企业走进越南，特别是为各类民营企业“走出去”创造便利条件（越南对中国的国企存在偏见，国企对越南的投资被认为是对越南的入侵），各类民营企业要树立独立民事主体的责任意识，政府要积极引导各类企业按照市场规则守法诚信经营，强化各类企业竞争意识、社会责任意识和可持续发展意识。最后，在与越南合作共建“一带一路”的过程中，应该遵循“由小到大”“由易到难”的原则。针对越南国内以“国家安全”为由拒绝中国在某些基础设施领域的投资，笔者认为中国企业不妨先从一些低敏感度的基础设施投资着手，如从“两廊一圈”开发运输基础设施建设、公用事业及物流通道建设等开始，进而推进中越两国在基础设施领域进行广泛的合作。

（三）筑牢社会根基，发挥民间外交的推动作用

针对越南普通民众容易被南海问题和极端民族主义情绪操控，对华情感较为负面的情况，民间外交须承担起削减媒体和普通民众对华好感的赤字、拉动两国民间友谊正向发展的重要职责。首先，中国对越民间外交可以借助中越双边合作机制展开，同时也可以在众多地区和国际多边外交场合展开。其次，中国对越民间外交应配合其他轨道的外交同步展开，关注

政府、非政府专业人士、商业人士、普通民众、教育培训研究机构、社会公益组织、宗教、资助援助、传媒等维度。再次，中国对越民间外交需适应由网络构建的、具有全新意义的信息社会，重视培养同时具备外交、网络技术、中华文化、越南国别等方面专业知识的综合性人才。最后，中国对越民间外交也可以借用由政府搭台的各类双多边合作交流大型平台，如中国—东盟博览会等，推进文化、经济、科技、城市等各项专题框架下的对越民间外交。①

（四）减缓外部压力，灵活处理与美、日大国关系

由于越南受美、日等大国因素影响比较大，中国不得不妥善处理好与美、日等大国的关系，减缓外部压力。"中国对美国的战略应该以全局性和综合性为主，除了以原有的国际合作机制（如亚太经合组织、G20 峰会等）为契机积极与美国开展政治沟通和经贸交流之外，中国还可以开拓新的渠道扩展与美国的利益交汇点，鼓励美国在中越合作中发挥积极和建设性作用，对于美国在南海海域的挑衅行为，中国要予以坚决回击。尽管中国当前在军事实力上还与美国有较大差距，但是由于南海问题涉及中国的主权利益，中国必定会坚决维护，中国维护南海主权利益的坚定立场必然会使得美国谨慎行事。""除了美国之外，日本也是一个值得注意的重要因素，日本一方面通过官方援助等经济手段加强与越南的关系，另一方面通过政治和军事手段离间中国与越南的关系。对此，中国需要做好两手准备：一是利用经济杠杆影响和牵制日本，二是对日本的挑衅行为要给予坚定有力的反击。"②

五　结语

总之，中国与越南通过"两廊一圈"与"一带一路"的有机衔接加强合作从根本上符合两国的根本利益，可以实现双方互利共赢。"两廊一圈"

① 蓝瑶：《推进中越民间外交的意义构建与路径解释》，《中国—东盟研究》2017 年第 4 辑，第 101—119 页。

② 孙西辉：《论构建"中国—东盟利益共同体"的外交战略》，《国际关系研究》2013 年第 1 期，第 129—140 页。

是中越两国共建新增长极的次区域合作机制；“一带一路”倡议是中国与沿线国家共同建设的新型全球性区域经济合作机制。通过打通两种合作机制，进行联动、战略对接，将能最大限度地确保区域内互利互惠、合作共赢命运共同体的深耕细作。

Analysis of the Connectivity between Vietnam's "Two Corridors and One Circle" and the "Belt and Road Initiative"

Jin Dan

Abstract Since Vietnam's "Two Corridors and One Circle" and the "Belt and Road Initiative" were put forward in 2004 and 2013, with solid and reliable political, economic, financial, facilities and people's support, the two sides have achieved certain results in the strategic docking. But at the same time, the docking of the two strategies still faces the inherent difficulties of slow progress in infrastructure, great economic and trade frictions, insufficient mutual trust between the two countries, and the external challenges of the South China Sea issue and interference from other countries in the region. China and Vietnam need to look at and develop bilateral relations from a strategic and long-term perspective, consolidate political foundations, expand economic cooperation, build social foundations and ease external pressures, so as to promote efficient and coordinated action with a more inclusive consultative attitude.

Key Words "the Belt and Road Initiative"; "Two Corridors and One Circle"; strategy docking; Vietnam

Author Jin Dan, Ph. D., Associate Researcher Fellow, China-ASEAN Research Institute, Guangxi University.

联合国可持续发展议程与“一带一路”倡议下的中国—东盟环境合作

董　亮

【摘要】当前，积极应对气候变化和落实联合国2030年可持续发展议程已经成为中国参与全球治理的重要内容。在此基础上，中国已经将上述承诺纳入绿色“一带一路”倡议的建设。在这一背景下，中国引领的南南环境合作的方向和重点也应进行相应调整，特别是应寻求区域合作与全球层面的协同发展。在规范理念、合作领域和治理方式等方面，中国的国际环境合作应实现以区域合作促进全球治理的目的。以中国—东盟环境合作为例，双方的环境合作已经成为周边合作的新亮点，形成了有效的合作机制与长期战略。双方合作已成为亚洲区域合作的有效支点，其进程将对2030年可持续发展议程和“一带一路”建设具有深远的意义。

【关键词】“一带一路”倡议　联合国可持续发展议程　中国—东盟关系　环境合作

【基金项目】教育部人文社会科学研究青年基金项目“联合国《2030年可持续发展议程》下全球非传统安全治理研究”（编号：19YJCGJW001）

【作者简介】董亮，外交学院亚洲研究所，助理研究员。

一　引言

2019年3月，联合国发布《全球环境展望6》报告。这一报告针对全球环境状况展开了最全面且最严谨的评估。报告表明，地球的环境与生态系统已受到极其严重的破坏，如果不采取紧急且更大力度的行动来保护，地球的生态系统和人类的可持续发展事业将受到更严重的威胁。同时，报告也指出，除非国际社会大幅度加强环境保护力度，否则到21世纪中叶，亚洲、中东等地将受到巨大影响。① 根据《全球环境展望6》，如果各国能将国内生产总值的2%用于绿色投资，不仅能在预测范围内实现经济增长的长期目标，还能有效应对气候变化、水资源短缺和生态系统服务丧失。

然而，全球环境治理在当前国际体系中呈碎片化且进展缓慢。② 因而对于世界各国来说，解决全球环境治理中存在的问题必须加强合作，特别是在环境污染、气候变化和保护生物多样性方面。③ 在此背景下，2030年联合国可持续发展议程将倡导保护地球纳入三大支柱体系。④ 2030年可持续发展议程为全球治理设定目标，可激励各国行动，有助于改善全球环境治理质量，但这仍然需要国家间的不断协调。⑤ 近年来，中国积极参与全球环境治理和南南环境合作。⑥ 在2018年召开党的十九大期间，中国明确表示将积极参与2030年可持续发展议程并落实有关气候变化的《巴黎协定》。作为加强环境治理和国际合作的主要措施，2018年4月，环境保护部改组为生态环境部，扩大了整体影响与作用。这一举措有助于发挥这一新的政府部门在治理体系建构中的功能与作用。

从国际倡议上看，中国还将绿色发展作为“一带一路”倡议的一个重要特征，强调环境保护、低碳发展和减少贫困等方面的承诺，以实现联合

---

① 联合国环境规划署：《全球环境展望6》，2019年3月13日，https：//wedocs. unep. org/bitstream/handle/20. 500. 11822/27652/GEO6SPM_ CH. pdf? sequence = 3&isAllowed = y，登录时间：2019年3月14日。

② Peter M. Haas，“Addressing the Global Governance Deficit”，*Global Environmental Politics*，Vol. 4，No. 4，2004，pp. 1 – 15.

③ Liang Dong，“Bound to Lead? Rethinking China's Role after Paris in UNFCCC Negotiations”，*Chinese Journal of Population Resources and Environment*，Vol. 15，No. 1，2017，pp. 32 – 38.

④ The United Nations，“Transforming Our World：the 2030 Agenda for Sustainable Development”，September 25，2015，https：//sustainabledevelopment. un. org/content/documents/21252030%20Agenda%20for%20Sustainable%20Development%20web. pdf，登录时间：2018年8月3日。

⑤ Norichika Kanie and Frank Biermann，*Governing through Goals：Sustainable Development Goals as Governance Innovation*，MA：MIT Press，2017.

⑥ 董亮、张海滨：《2030年可持续发展议程对全球及中国环境治理的影响》，《中国人口·资源与环境》2016年第1期，第8—15页。

国可持续发展目标。[①] 2017 年，中国发布了推动绿色“一带一路”倡议的官方指导文件，将资源效率与环境规范纳入“一带一路”整体规划，并倡导全球能源互联，实现绿色低碳发展。[②] 这种环保理念为构建“一带一路”倡议提供了重要的行为规范。同时，随着美国不断退出多边进程，中国在国际合作与区域发展进程中扮演日益重要的角色。[③] 以绿色低碳概念为指导的国际合作观，展现了中国对生态文明建设、环境保护和污染控制的决心，也凸显了中国在应对气候变化方面的积极作用。在此背景下，“一带一路”倡议如何实现绿色化将受到广泛关注。

在绿色“一带一路”倡议的指导下，中国相关机构正计划开展国际合作项目。2017 年，“一带一路”国际合作高峰论坛在北京举行。联合国环境规划署和当时的环境保护部宣布成立国际合作联盟，以保证“一带一路”倡议带来符合环境规范的长期增长。期间，联合国环境署表现出对中国的充分认可和大力支持。[④] 联合国领导的多边环境公约也是中国参与全球环境治理的主要国际平台。因此，中国期待加强与联合国系统的合作，促成“一带一路”倡议与联合国可持续发展目标实现对接。[⑤] 中国通过绿色“一带一路”倡议以支持发展中国家之间的南南合作，例如，促进亚洲和非洲国家的绿色增长。这些重要的发展都为中国参与区域可持续发展与环境合作提供了重要的规范和条件。

本文首先分析绿色“一带一路”倡议与联合国可持续发展目标的环境目标之间的关联性，并以中国—东盟环境合作为例，对“一带一路”倡议与联合国可持续发展目标下的国际环境合作进行分析，以求理解区域合作对全球治理的驱动作用。

---

① Green Finance Initiative, “Greening the Belt and Road 2017”, http://greenfinanceinitiative.org/wp-content/uploads/2017/10/Greening-the-Belt-and-Road-English.pdf，登录时间：2018 年 8 月 3 日。

② Ministry of Environment Protection of the People’s Republic of China, “Guidance on Promoting Green Belt and Road Construction”, http://www.zhb.gov.cn/gkml/hbb/bwj/201705/t20170505_413602.htm，登录时间：2018 年 8 月 3 日。

③ Robert O. Keohane, “The International Climate Regime without American Leadership”, *Chinese Journal of Population Resources and Environment*, Vol. 15, No. 3, 2017, pp. 184 – 185.

④ United Nations Environment, “A Green Belt and Road”, https://www.unenvironment.org/news-and-stories/press-release/green-belt-and-road，登录时间：2018 年 5 月 3 日。

⑤ 董亮：《习近平生态文明思想中的全球环境治理观》，《教学与研究》2018 年第 12 期，第 30—38 页。

二 “一带一路”倡议与联合国可持续发展议程的关系

当前，全球治理议程多样，并且类似的方案之间关系不断密切。各种倡议与议程的关联性日益显现。根据以往的研究，由于涉及众多参与主体，这种相互作用或互动可能会催生复杂的治理模式和复杂的结构。① 为了保证治理的效力，通过整合各种国际体系实现共同的全球治理目标，是一项重要的政策创新。这种互动也适用于联合国可持续发展目标和“一带一路”倡议，并对区域合作产生影响，形成新的合作动能。②

以国际谈判、协议、区域合作为形式的环境外交，已成为推动环境治理的重要动力之一。③ 这是由于环境外交是建立环境治理制度和协定的有效手段。④ 此外，环境治理还具有重要的国际规范意义，可能导致国家间利益与环境认知的趋同。⑤ 在这一领域，国家行为体、国际机构和其他行为体达成了日益繁多的双边、区域和全球协议与安排。⑥ 当前，绿色“一带一路”倡议的提出代表了中国与2030年可持续发展议程的积极互动，有助于环境外交与环境合作的发展。

中国和联合国已经明确了其核心信念的共性。一方面，中国希望参与联合国体系来引领全球治理体系。另一方面，联合国对中国提出的倡议提案表示支持和肯定。多边制度的相互作用和协调反映了转变全球治理体系的需求。这些国际倡议之间的相互作用，具体体现在以下几个方面。

---

① Sebastian Oberthür, “Interplay Management: Enhancing Environmental Policy Integration among International Institutions”, *International Environmental Agreements: Politics, Law and Economics*, Vol. 9, No. 4, 2009, p. 371.

② 董亮、杨晓华：《2030年可持续发展议程与多边环境公约体系的制度互动》，《中国地质大学学报》（社会科学版）2018年第4期，第69—80页。

③ Dong Liang, Xiaohua Yang, and Hongtao Li, “The Belt and Road Initiative and the 2030 Agenda for Sustainable Development: seeking linkages for global environmental governance”, *Chinese Journal of Population Resources and Environment*, Vol. 16, No. 3, 2018, pp. 203 - 210.

④ Radoslav S. Dimitrov, *Environmental Diplomacy*, Paul G. Harris ed., *Routledge Handbook of Global Environmental Politics*, 2014, London: Routledge, p. 259.

⑤ 董亮：《日本对东盟的环境外交及相关政策建议》，《东亚要报》2016年第10期，第73—87页。

⑥ R. P. Barston, *Modern Diplomacy*, London: Routledge, 2014. p. 183.

（一）理念与合作领域

共同理念是支撑合作机制的价值观，也是可以反映全球治理趋势的核心价值观。能够在全球范围内实现的理想目标应该是对全人类具有普适性的，和平、不干涉内政、国际关系民主化、多边主义和国际人权准则这些理念共同规范各国处理国际事务的方式。其中，确定治理体系中存在共同的原则和政策选择需要三个先决条件：其一，具有共同的因果关系原则，其二，具有类似的政策偏好和政策规划，其三，在实施政策期间需要相互支持，特别是在资金、技术和能力建设方面。上述先决条件已被纳入 2030 年议程和绿色“一带一路”倡议中，特别是政策偏好和多方共同发展方面。①

议题领域也是双边和多边国际合作的核心内容，包括基于核心理念和思想的实践活动或方案。这一领域也是国际政策的主要模式，其变化涉及国际惯例、政策，也涉及建立大规模伙伴关系的各方。《联合国宪章》赋予的权利及其独特的政府间合作性质要求联合国采取行动，解决人类面临的各种问题，包括和平与安全、气候变化、可持续发展、人权、裁军、恐怖主义、人道主义、公共健康、性别平等、政策实施和粮食生产等。例如，2030 年可持续发展议程已成为联合国处理这些关键问题的重要框架。②而“一带一路”倡议也是一个涉及各种问题的全面合作框架，两者间具有广泛的交叉性，因此，取得共同目标的潜力巨大。

（二）治理方式

全球治理机制由不同类型的参与者、国际机构以及公共和私营部门组成，以管理共同的关切和事务。通过机制运作，相关治理形成了一个持续的过程，包括“自下而上”和“自上而下”两条路径以及两种路径的混合模式，正式和非正式的制度安排，以及对全球治理绩效的评估。在全球环境治理方面，治理模式由效力、权力分工、相互依赖性和国际机构的科学

① Liang Dong, “Bound to Lead? Rethinking China's Role after Paris in UNFCCC Negotiations”, *Chinese Journal of Population Resources and Environment*, Vol. 15, No. 1, 2017, pp. 32 – 38.

② Achim Steiner, “The Extraordinary Opportunity of the 2030 Agenda for Sustainable Development”, *The European Journal of Development Research*, Vol. 30, No. 2, 2018, pp. 163 – 165.

评估构成。当前的全球治理呈现出网络状治理模式，即各个参与者形成国际伙伴关系，并在信任和互利的基础上协调参与者的目标和偏好，然后开展国际合作，以寻求具体问题的解决方案。

以中国—东盟区域合作为例，《中国—东盟战略伙伴关系 2030 年愿景》第六条明确提出，“通过促进南南合作等方式，加强《东盟愿景 2025》同联合国 2030 年可持续发展议程的对接”。第三十六条提出，“加强环保、水资源管理、可持续发展、气候变化合作，包括落实《中国—东盟环境保护战略（2016—2020）》，支持《东盟社会文化共同体蓝图 2025》相关战略措施等”。[①] 由此可见，在这一背景下，中国倡导的南南环境合作的方向和重点应该寻求区域合作与全球层面的协同发展，特别是议程间的对接。在合作领域、治理方式和规范理念等方面，国际环境合作应实现以区域合作促进全球进展。

三 “一带一路”倡议下的南南环境合作

2013 年，“一带一路”倡议正式形成。作为中国新的发展模式，“一带一路”倡议的目的是建立一个区域和全球经济平台，并具有促进经济可持续发展的性质。倡议的实施主要依赖中国与有关国家的双边和多边机制进行推进，并整合原有和新设立的区域合作平台。同时，“一带一路”倡议也是南南环境合作重要抓手，如中国—东盟的环境合作。国际上的可持续发展与国内的生态文明建设的协调将加强“一带一路”倡议与 2030 年可持续发展目标的联系。

目前，“一带一路”倡议和 2030 议程的对接出现良好的势头。一方面，联合国高度赞同“一带一路”倡议这一概念。联合国秘书长安东尼奥·古特雷斯认为，“一带一路”倡议在许多方面与 2030 年可持续发展议程相似，有助于提高经济全球化的平衡性和包容性，对于国际通力合作应对世界性挑战也具有重要意义。[②] 另一方面，中国领导人也多次谈到了

① 《中国—东盟战略伙伴关系 2030 年愿景》，中华人民共和国外交部，2018 年 11 月 15 日，https：//www. fmprc. gov. cn/web/zyxw/t1613344. shtml，登录时间：2018 年 12 月 3 日。

② 古特雷斯：《“一带一路”有助于推动全球化平衡、包容、和谐发展》，中华人民共和国外交部网站，2017 年 5 月 13 日，https：//www. fmprc. gov. cn/web/wjbzhd/t1461285. shtml，登录时间：2018 年 8 月 3 日。

“一带一路”倡议与2030年可持续发展目标之间的联系，他们也认为“一带一路”倡议高度符合2030年可持续发展议程。为了加强“一带一路”倡议与2030年可持续发展议程的关系，联合国举办了关于“一带一路”倡议促进可持续发展目标的高级别研讨会，探讨了“一带一路”倡议如何加强实施和实现2030年议程的可持续发展目标，并讨论了制定政策的相关机遇，以实现“一带一路”倡议和2030议程对接。以下是对于两者间部分相似之处的总结。

（一）关联性

第一，在预期目标和联合国原则的指导下，“一带一路”倡议和2030议程坚持多边主义，这是全球治理具有共同信念的重要形式。它们都倡导多边主义，并努力克服逆全球化政治态势所带来的消极影响。“一带一路”倡议和2030年议程提出的治理体系代表了以多边主义为核心的开放的全球合作理念。一方面，可持续发展目标是一个应对全球挑战的开放治理体系，在减贫、健康改善、教育机会和环境保护等领域广泛建立了各种伙伴关系，倡导多边合作。另一方面，实施“一带一路”倡议将加快区域合作与一体化进程，积累可持续发展目标的有利条件。“一带一路”的核心理念是倡议沿线各国的共建。从这个层面上讲，中国“一带一路”倡议的五大支柱高度符合2030年议程。

第二，“一带一路”倡议和2030议程坚持将可持续发展作为基本原则。中国于2017年5月举办了“‘一带一路’国际合作论坛”，与其他国家开展了广泛的对话和务实合作，旨在促进全球范围内的南南合作和可持续发展。中国认为，发展中国家代表着世界的未来。中国开展“一带一路”倡议的目标就是加强国际发展合作。具体而言，中国利用2017年绿色“一带一路”建设营造的有利条件，实现可持续发展与国家发展战略的有效衔接，促进发展中国家减贫，提高了生态环境保护能力，防止生态环境风险，促进“一带一路”沿线国家和地区共同努力实现2030年议程中的可持续发展目标，这些都是加入全球环境治理、推动绿色发展理念的重要实践。“一带一路”建设将重点突出绿色投资、绿色贸易和绿色金融体系的发展，兼顾经济发展和环境治理两端，最终促成可持续发展目标的落实。

第三，“一带一路”倡议和2030年议程坚持共享与包容发展。2030年议程第17号目标提议建立广泛的国际伙伴关系，这完全符合中国“一带一路”倡议共享和包容的概念。中国在实施这一倡议的过程中，强调动员公共和私人资源，促进计划的实施和实现。在国际合作中，经济发展、减贫、扩大就业、改善公民生活和环境保护等应该处于优先地位，这可以帮助各国满足其国家发展战略和2030年可持续发展议程的要求，从而实现协同发展。[①] 在2016年二十国集团（G20）杭州峰会期间，中国同意为国际社会提供更多的公共产品，并表明中国的“一带一路”倡议旨在分享中国的发展机遇，实现共同繁荣的目标。总之，实施“一带一路”倡议计划可以缩小不同地区的发展差距，实现亚欧各国以及其他地区的共同发展。

一般而言，共同理念有助于促进“一带一路”倡议与2030年议程之间的相互联系。在建设层面上，中国注重政策协调以及与联合国体系互动的优势，促进绿色发展，开展生态和环境保护合作，并为沿线国家提供公共产品，以实现2030年议程可持续发展的目标。

（二）议程关联

“一带一路”倡议提出后，其进展和成就超出了中国的预期。100多个国家以及国际组织加入了“一带一路”，40多个国家和国际组织与中国签署了合作协议，国际上也建立了广泛的合作共识。“一带一路”也成为促进可持续发展目标实现的重要推动力。为了实现2030可持续发展目标，中国正在全国范围内大力推动，并明确提出绿色发展与解决突出环境问题等重要工作内容。一方面，推进国内的绿色发展。加快建立绿色生产和消费的法律制度和政策导向，建立健全绿色低碳循环发展的经济体系。另一方面，解决一些突出的环境问题，如实施大气污染防治行动，打赢蓝天保卫战等。中国国内的环境与可持续发展取得了一定的成效，但环境治理的艰巨性让不容忽视。

在国际上，中国将积极参与全球环境治理，落实减排承诺。中国一直

① Mark Stafford-Smith, et al. , “Integration: the Key to Implementing the Sustainable Development Goals”, *Sustainability Science*, Vol. 12, No. 6, 2017, pp. 911 - 919.

都在积极地参与全球治理，倡导绿色、低碳、循环利用和可持续的生产生活方式。中国政府批准发布了《中国落实2030年可持续发展议程国别方案》，进一步指导实施2030年可持续发展议程。同时，中国及时通过《巴黎协定》，与“一带一路”沿线国家开展合作，拓展南南环境与气候合作，这些都显示了中国支持全球治理中可持续发展的政治意愿。一方面，中国通过绿色技术和绿色经济发展减少了气候变化和空气污染的负面影响。另一方面，中国也积极开展国际合作，逐步加大对南南环境与气候合作的投入，分享发展经验和机遇，构建人类命运共同体。在南南合作中，中国通过金砖四国机制和二十国集团推动“一带一路”，加强绿色金融，以此促进2030年可持续发展目标，受到了全世界的瞩目。此外，金砖国家合作机制和二十国集团也不断为联合国框架内建立更加公平、更加合理的国际政治经济新秩序作出了贡献。

从项目设计的角度看，《关于推进绿色“一带一路”建设的指导意见》表明，中国正围绕2030年可持续发展目标实施规划，强调可持续性理念，绿色基础设施建设、交通运输、环境保护以及绿色援助。“一带一路”的建设在很多方面都充分体现了2030年可持续发展议程的目标。中国推进绿色基础设施建设，加强了对生态和环境质量的保护力度，制定了环境保护标准和基础设施建设规范，加大了对“一带一路”沿线重点基础设施建设项目的服务和支持力度。此外，中国还推广绿色交通、绿色建筑、清洁能源等环境保护标准和实践，在水、空气、土壤和生物多样性等领域促进环境保护，改善环境基础设施建设，提高绿色、低碳建设和管理的水平。中国受到越来越多的资金援助，并且正在亚非洲国家实施绿色计划。此外，绿色“一带一路”倡议还高度重视发展中国家的环境能力建设。重点内容包括生态环境保护、污染控制、环保技术转让、人员培训、环境信息分享。中国优先在节能减排、生态环境保护等领域开展基础设施和能力建设。中国建议在“一带一路”倡议下探索建立生态环境保护合作中心，此外，还启动了南南合作援助基金，支持社会组织在“一带一路”倡议下开展各类环保项目。

（二）相互作用与联系

自1972年以来，全球环境治理体系一直在不断演变。从制度互动的角度来看，这种相互作用构成了全球治理的不同模式。2030 年可持续发展议程与“一带一路”倡议的结构关系呈现出三个特点，且有可能成为增强全球环境治理有效性的新驱动力。

在这种背景下，需要一个强有力的政府机构启动和调动行动者和资源，以促进“一带一路”倡议和南南合作。为了完善制度安排，中国已于 2018 年 3 月发布了《深化党和国家机构改革方案》，以重新设计政府结构。根据该计划，2018 年，中国政府整合原商务部、外交部对外援助协调等职责整合，并组建国家国际发展合作署（NAIDC），以便推进援外方式改革，并辅助中国的国际合作战略。

建立国家国际发展合作署后，中国将在“一带一路”倡议和环境外交下进一步促进绿色发展。中国以往的对外援助模式得到了国际社会，特别是广大发展中国家的高度认可。中国不裹挟任何政治条件地向发展中国家提供援助，开创了中国特色援助的新时代。中国愿意履行自己的国际责任，增加对外援助，参与围绕可持续发展目标开展的国际发展合作。

此外，中国偏好灵活治理模式，这有助于与 2030 年可持续发展目标在环境问题上开展更坚实的合作。这种灵活合作模式可以在决策中将“一带一路”倡议与 2030 年可持续发展目标联系起来。目前，“一带一路”倡议正在进一步外部化，并且已经迅速融入了 2030 年可持续发展目标的框架。“一带一路”倡议和可持续发展目标可以在国际环境中持续互动。2030 年议程目标与“一带一路”倡议的合作是一种软合作模式，主要来源于合作需求和政治动力。基于相互自愿的合作制度和政策制定，这两者很可能在全球环境治理中找到协同效应。

在“一带一路”倡议下形成的多层次国际伙伴关系，不仅彰显了 2030 年可持续发展议程中 17 项可持续发展目标的精神，而且还与环境目标产生了进一步的相互作用。政策协调路径表明，中国建立的“一带一路”倡议治理模式是一种多层次、多领域政府间宏观政策沟通交流的机制，有利于可持续发展目标实现同政府政策的对接。

中国还通过绿色“一带一路”倡议和 2030 年议程逐步扩大南南合作。在千年发展计划中，中国因其在支持全球减贫、应对气候变化、改善教育和公共卫生等方面取得的成就，赢得了国际尊重，并因支持《巴黎协定》获得了国际社会的普遍赞誉。通过倡议等多种措施，中国可以在与其他国家分享经验的基础上实现合作，特别是在减贫、包容性增长和绿色增长方面。同时，南南合作的意义也更加突出。中国近期与发展中国家的合作，在财政支持、人力资源开发、知识共享、合作研究等多个方面都取得了长足进展。

总的来说，"一带一路"倡议是一个国际发展框架，涵盖诸多与发展理念相关的问题。"一带一路"倡议可以作为重要制度平台，在区域和国家层面落实17个可持续发展目标，且整个过程已经成为对当前全球治理体系的补充。总之，上述两个框架有助于世界各国积极应对气候变化，促进公共卫生、维和行动、治理全球经济、保护能源安全等。

四　中国—东盟环境合作：战略与机制

对于东盟而言，通过区域环境合作解决其环境污染、气候变化问题的需求日益迫切。① 例如，东南亚每年都发生跨境烟霾污染问题，这已经成为东南亚面临的首要环境问题。此外，由于地处沿海地区、丰富的生物多样性及资源型经济，东盟特别容易受到气候变化的影响，并增加了东盟穷困人口的脆弱性。地震、台风、海平面上升、火山爆发、干旱、热浪和海啸等由气候变化带来的极端天气和自然灾害，在东盟日益严重。② 因此，东盟在实现2030年政治安全共同体目标的过程中，面临着可持续发展、跨境空气污染、气候变化等诸多挑战。这些挑战影响区域发展的宏大计划。③ 中国的环境问题日益引起关注，生态文明建设成为中国环境治理的转折点。可见，双方在落实联合国2030年可持续发展议程方面同样具有广泛的共同利益。此外，东盟国家对"一带一路"倡议普遍支持，东盟10国都成为亚投行的创始成员国，并派代表参加了2017年及2018年中国举办的"一带一路"国际合作高峰论坛。这些基础为双方的环境合作创造了良好的内外部环境与制度基础。

---

① 董亮：《日本对东盟的环境外交》，《东南亚研究》2017年第2期，第73—87页。

② Raman Letchumanan, "Is there an ASEAN Policy on Climate Change?", *Climate Change: Is Southeast Asia Up to the Challenge*, LSE, 2010, pp. 50 - 62.

③ Amitav Acharya, "ASEAN 2030: Challenges of Building a Mature Political and Security Community", *ADBI Working Papers*, No. 441, 2013, pp. 12 - 17.

（一）战略制定

中国与东盟的环境合作为南南环境合作做出了贡献。在合作战略及其行动计划框架下，中国与东盟在高层政策对话、中国—东盟绿色使者计划、生物多样性和生态保护、环保产业与技术、联合研究等方面开展了各种合作活动。中国—东盟环境合作发端于2003年，双方启动了绿色使者计划，并开展生物多样性交流，以此推动区域内国家的环境交流工作。随后，双方环境主管部门还建立了环境保护技术的合作网络。2007年，中方提议成立中国—东盟环保合作中心并制订合作战略。2009年，中国和东盟制定并通过了《中国—东盟环境保护合作战略（2009—2015）》，确定了合作目标及主要的合作领域。2010年，中国环保部成立了中国—东盟环境保护合作中心，助力合作进程。2011年，中国和东盟制定并通过了《中国—东盟环境合作行动计划（2011—2013）》。2013年，双方制定并通过了《中国—东盟环境合作行动计划（2014—2015）》"。2016年以来，中国与东盟不断深化、细化区域环境合作。

整体而言，中国与东盟的自身特点有利于两者形成环境外交关系，二者在环境治理上具有合作的匹配性，其原因在于双方的国情以及双方在环境领域的诸多契合点。其中，中国—东盟环境合作论坛机制发挥了重要作用。当前，双方在合作战略上达成了一致，并达成《中国—东盟环境合作战略（2016—2020年）》。[①] 2016年5月，这一合作战略由中国环境保护部与中国—东盟环境高官会分别审核通过了战略文本，并对外正式发布。可以说，双方表明了进一步加强了环境领域的合作的决心，并将其打造为区域环境合作研究的重要领域。双方环境合作设定的几大优先合作领域，包括政策对话交流、数据与信息共享、环境影响评价、生物多样性保护、产业技术促进绿色发展、城市环境治理、教育与公众意识及联合研究等内容。对此，东盟秘书处代表萨罗杰·斯瑞赛认为，上述两个报告会对可持

---

① 《中国—东盟环境保护合作战略2016—2020年》，中国—东盟环境保护合作中心网站，2017年2月24日，http://www.chinaaseanenv.org/dmhbhz/hzwj/201702/t20170224_397640.shtml，登录时间：2018年8月3日。

续的发展起到重要推动的影响。[①]

（二）合作机制

如前所述，中国—东盟环境保护合作中心的成立与运行为双方合作提供了机制保障，发挥了重要的作用。此外，中国—东盟环境合作论坛有助于中国与东盟进行环保领域的政策高层对话，是双方进行务实合作和交流的重要机制。围绕各方均关注的环境问题，在论坛期间展开多方的交流与信息分享。从制度安排上看，中国—东盟环境合作具有以下特点：其一，中国生态环境部和东盟各成员国主管环境问题的部门为相关战略的推动提供指导和支持。其二，中国与东盟成员国相关部门委派各自的官方联络员。其三，中国—东盟环境保护合作中心及东盟秘书处环境办公室共同负责推进合作战略的协商和交流。其四，该战略的主要推动机构是中国—东盟环境保护合作中心，该中心协同东盟相关机构，设置行动计划和时间节点，实施合作战略拟定的活动。其五，在资金机制上，双方环保合作战略的资金相对多元，包括中国—东盟合作基金、中国政府相关基金、中国和东盟成员国自发提供的实物和现金资助、国际伙伴或第三国捐赠的资金，以及私营企业提供的资金等。

此外，双方展开了相关合作论坛以促进合作的有效性。2011 年 10 月，在广西举办了第一届中国—东盟环境合作论坛，东盟秘书处、东盟成员国环境主管部门、双方环境保护部门、研究机构、大学和产业界均有代表参与，联合国系统和亚洲开发银行等国际组织代表也参加了论坛，为双方合作奠定了交往的基础。此后，中国—东盟环境合作论坛及相关系列活动已在中国连续成功举办 7 届。论坛已成为中国与东盟探讨环境合作的重要渠道以及连接中国与东盟各界进行环境合作的重要机制，成为亚太区域内的环境政策高层对话重要合作平台。

在 2018 年的中国—东盟环境合作论坛上，中国—东盟共同启动“中国—东盟环境信息共享平台”，并以“大数据驱动生态环保创新”为主题，突出了十分重要的现实意义。中国和东盟各国通过论坛试图加强环境大数

① 《中国—东盟环境合作战略（2016—2020）在南宁发布》，中国新闻网，2016 年 9 月 10 日，http：//www. chinanews. com/gn/2016/09 – 10/8000500. shtml，登录时间：2018 年 8 月 3 日。

据合作，缩小环境信息和数据发展差距，提高环境管理和规范化水平，从而进一步提升了南南环境合作水平，促进区域绿色和可持续发展。除了主论坛外还将举办了主题为“生态城市建设助力实现2030可持续发展目标”和“绿色‘一带一路’环境技术创新与合作”两个分论坛。双方倡议提出使用大数据提高能效，提高能源的利用，监测气候变化，监测水的消耗量等。大数据实现环境的可持续性以及环境的保护，评估环境风险及预测环境风险。中国—东盟的双边关系不断深化为双方的环境合作提供了民意基础，反映在双方日渐成熟的合作环境机制中，形成了区域内合作的重要基础。

双方在环境领域的合作具有很大潜力，并且取得了一定进展，与此同时，也存在一些不足之处。总的来说，相关机制最近两年的合作仍然停留在信息分享与交流的层面，并没有形成有约束力的合作项目。与此同时，中国—东盟环境合作还面临一系列深化与整合的客观要求。一方面，将双方的合作与联合国2030年可持续发展目标的系统性对接还需要进一步的设计与规划。另一方面，“一带一路”倡议是共商、共建和共享的合作倡议，如何发挥东盟的合作意愿和贡献度也需要双方共同努力。目前的合作仍然停留于灵活合作的形式，双边如何建构稳定有效的机制与资金机制还需进一步探索。总之，中国—东盟环境合作面临一系列机遇和深化整合的现实要求，这也为后续2030年议程和“一带一路”以区域发展促进全球落实提供了有利的区域合作模式。

五　结论

从当前的东亚区域关系看，中国与东盟国家之间的环境合作受到关注，并已经成为“一带一路”倡议与联合国2030年可持续发展议程对接的重要领域之一。中国与东盟发展中国家在可持续发展领域仍然存在许多共同的挑战，例如，地区之间发展仍不均衡、环境继续恶化且生态系统退化、缺少资金和重要的环境修复技术，同时，负责解决环境问题的部门和工作人员能力较弱导致环境治理水平偏低。[①] 中国与东盟国家都非常重视

① 董亮：《2030年可持续发展议程下“人的安全”及其治理》，《国际安全研究》2018年第3期，第64—81页。

可持续发展，加强中国—东盟的环境合作将有利于本区域提升环境质量、推动生态修复并提升自然生态系统，进而提高经济发展的质量以及人民福祉，推动长远目标的实现。2030 年议程与绿色"一带一路"倡议之间关系密切。从这个意义上讲，2030 年可持续发展目标和"一带一路"倡议为世界发展设定了目标，并且有助于世界各国应对发展问题。对中国来说，落实 2030 年议程是推动建立新的国际关系、实现世界命运共同体愿景的重要任务。为完成这一任务，中国应继续在"一带一路"倡议下发挥负责任大国和发展中国家建设性伙伴的作用，与联合国一道，积极参与全球治理体系的改革和法治建设。与此同时，通过突出中国的生态文明理念，促进绿色发展，加强"十三五"生态环境保护工作，"一带一路"倡议与 2030 年议程之间的联系将得到实现。总之，在未来的国际环境合作中，中国应将本国、国际发展战略与联合国提出的 2030 年可持续发展目标紧密联系起来，并需要在"一带一路"倡议下促进亚洲区域的绿色发展，并寻求共同治理与 2030 年可持续发展目标之间更多的联系，以提升全球治理的有效性。

China-ASEAN Environmental Cooperation under the UN Sustainable Development Agenda and the BRI

Dong Liang

Abstract Currently, actively addressing climate change and implementing the UN 2030 Agenda for Sustainable Development has become an important part of China's participation in global governance. On this basis, China has incorporated the above commitments into the construction of the green BRI initiative. In this context, the direction and focus of China-led South-South environmental cooperation should also be adjusted accordingly, especially in the pursuit of regional cooperation and coordinated development at the global level. In terms of norms in areas of cooperation and governance, China's international environmental cooperation should achieve the goal by promoting global progress through regional cooperation. Taking China-ASEAN environmental cooperation as an example, environmental cooperation between the two sides has become a new bright spot for peripheral cooperation, forming an effective cooperation mechanism and long-term strategy. The cooperation between the two sides has become an effective fulcrum for regional cooperation in Asia, and its process will have far-reaching significance for the 2030 Agenda for Sustainable Development and the construction of the BRI.

Key Words BRI; UN sustainable development agenda; China-ASEAN relations; environmental cooperation

Author Dong Liang, Assistant Research Fellow, Institute of Asian Studies, China Foreign Affairs University.

附　录

Appendix

中国—东盟区域发展协同创新中心简介

中国—东盟区域发展协同创新中心由广西壮族自治区人民政府主导，联合中共中央对外联络部、外交部、商务部、中国农业银行，由广西大学牵头，协同国内外重点高校、重要科研院所共同组建。中心以打造“国家急需、世界一流、制度先进、贡献重大”的中国特色新型高校智库为目标，致力于发展中国—东盟领域政治、经济、国防、外交等重大问题的合作与创新研究，培养“东盟通”特殊人才，服务“一带一路”等国家战略。

中国与东盟的合作虽然取得了巨大的成就，但随着外部环境和外生因素的变化，新问题也层出不穷，严重影响和制约着中国与东盟国家在政治和经济领域的合作与发展。为加强对中国—东盟区域发展重大理论与实践问题的综合研究，为中国—东盟命运共同体建设、中国—东盟关系发展提供理论支持、政策咨询和人才支持，中心于2015年3月15日在北京举行了第二轮组建签约。

第二轮组建签约后的中国—东盟区域发展协同创新中心由28个单位构成。主要包括牵头单位广西大学，核心单位10家（云南大学、暨南大学、南开大学、对外经济贸易大学、西南交通大学、中国人民解放军国防大学战略研究所、中国社会科学院亚太与全球战略研究院等），支撑单位6家（外交部亚洲司、外交部政策规划司、商务部亚洲司、商务部国际贸易经济合作研究院、中共中央对外联络部当代世界研究中心、广西壮族自治区人民政府办公厅），成员单位11家［南京大学商学院、外交学院亚洲研究所、中央财经大学金融学院、中国人民大学国际关系学院、厦门大学东南亚研究中心、中国—东盟商务理事会、安邦咨询公司、东中西区域改革和

图1　中国—东盟区域发展协同创新中心组建签约仪式

发展研究院、广西国际博览事务局（中国—东盟博览会秘书处）、广西金融投资集团、中马钦州产业园区管委会］。

中心依据《理事会章程》要求，围绕中国—东盟命运共同体间“讲信修睦”“合作共赢”“开放包容”的建设目标，秉承“精简、高效”的原则，实行理事会领导，学术委员会对学术问题把关的中心主任负责制。目前，中心共有49支共229人的研究团队，分别由协同创新中心主任、首席科学家担任主要负责人，分布在10个协同创新平台中。发展培育期间，中心已产出了200多项应用成果和400多项高水平理论成果。这些成果均具有重要的经济和社会效益，为政府制定有关中国—东盟区域发展的重大项目决策提供了理论依据和支持，也为我国现代化建设、经济理论创新和话语体系构建做出了贡献。

发展目标

中国—东盟区域发展协同创新中心的建设，将以国家和东盟区域发展的重大需求为导向，以中国—东盟全面战略合作伙伴关系发展中的重大协同创新研究任务为牵引，以服务中国—东盟区域发展实践和理论创新重大需要为宗旨，提升科研、学科、人才“三位一体”创新能力，优化国际问题研究全方位创新环境，努力将中心建设成为集科学研究、学科建设、人才培养、智库建设、体制创新于一体，世界一流的区域发展理论创新高地、政策咨询智库和人才培养基地，打造中国高校特色新型智库，使中国—东盟区域发展协同创新中心成为具有国际重大影响力的学术高地。

· 科学研究

世界一流的区域发展理论创新高地。中共中央对外联络部、外交部、商务部和广西壮族自治区人民政府的共同支撑将在科研上体现创新。建立知识创新机制、体制创新机制，营造有利于协同创新机制形成的环境和氛围，打造中国高校特色新型智库。

· 学科建设

建成中国—东盟区域发展国家特色学科。在研究的过程中，中心将凝练学科方向、汇聚学科队伍，构筑学科基地，制定学科建设规划，创新研究成果，形成新学科课程基础，有计划地举办全国或国际学术会议、接受国内外同行研究人员参与相关项目研究，发挥对外学术交流窗口作用，努力将创新中心建成本学科的全国学术交流和资料信息高地。

· 人才培养

国际知名的创新型人才培养基地。"7 校 2 院、2 央企"的协同机制，并有 5 所高校作为成员单位加入，实现人才培养"需求与供给"对称，可以建立跨国家、跨学科、跨学校、跨领域的人才培养平台。

· 智库建设

国际著名的中国特色新型智库。中国—东盟区域发展协同创新中心科研团队的组建涉及党、政、军、学、研、企各行业，既有理论研究人员，又有实践部门的案例支持，科研成果的决策应用性将更加突出"政、产、学、研、用"一体化试验田。机制创新、制度创新作为协同创新中心建设的关键，可以为人文社科领域科学研究开设试验田，在探索高等学校科研体制改革方面发挥示范和辐射作用。

代表性成果

协同机制建立以来，中国—东盟区域发展协同创新中心的牵头单位和协同单位共承担东盟研究领域的各级科研项目 316 项，其中，国家社会科学基金项目 55 项，国家自然科学基金项目 24 项，中央部委课题委托 55 项；产出学术著作 191 部，学术论文 837 篇；200 多项应用成果为党和政府采纳；取得获奖科研成果 63 项。

平台与研究团队集成

中国—东盟区域发展协同创新中心围绕"讲信修睦""合作共赢"

“守望相助”“心心相印”“开放包容”的中国—东盟命运共同体目标，加强10个创新平台建设。协同机制形成后，将集中形成6个研究团队。这6个研究团队集成，共有49支研究队伍，分别由协同创新中心主任、首席科学家担任主要负责人，分布在10个协同创新平台。

中心打破协同单位原有界限，实行“校校协同”“校院协同”“校所协同”，以课题和任务为纽带，形成“你中有我、我中有你”的紧密型合作。为了充分调动协同单位的积极性和创造性，增强责任感，充分发挥协同高校在基本理论研究、人才培养、学科建设方面的优势，中共中央对外联络部、外交部、商务部和广西壮族自治区人民政府、中国社会科学院在科学研究、政策咨询方面的优势，以及中国农业银行、国家开发银行在现实案例、数据库建设方面的优势，中心对各协同单位在建设中的分工都有所侧重。

广西大学国际学院简介

广西大学国际学院成立于 2018 年 6 月。由原中国—东盟研究院、中国—东盟学院、中加国际学院、国际教育学院、广西大学复杂性科学与大数据技术研究所等 5 个单位整合而成。作为广西大学最年轻的学院之一，国际学院承担着广西大学国际化战略的重要任务。目前，国际学院主要负责广西大学与美国、法国、加拿大等国知名大学的交流与合作。项目包括：中加国际学院、中美“3 +1”本科、中美“3 +1 +1”本硕连读、中法“1.5 +3.5”本科等。同时，学院还负责全校留学生的招生与管理、对外汉语教学等国际教育事务。

学院的发展得到了学校的高度重视。广西大学副校长范祚军教授兼任首任院长，覃成强教授任学院党总支部首任书记，王玉主研究员任执行院长。各级领导多次到学院检查和指导工作，为学院的发展带来了强大动力。

国际学院目前拥有教职工 109 名，其中中方教职工 98 名，外籍教师 11 名；在读中国学生 546 名，其中博士研究生 15 名，研究生 35 名，本科生 496 名。截至 2018 年，国际学院负责招收、管理全校留学生 2251 名，招生规模特别是留学生数量呈逐年递增趋势。

国际学院是广西大学国际化的窗口。学院结合区域发展趋势，坚持特色化办学、国际化发展的定位，不断融合先进办学理念，创新人才培养模式，为区域社会经济文化发展服务，利用自身国际化水平以及科研平台优势，向建设一流学院不懈努力。

广西大学中国—东盟研究院简介

广西地处中国面向东盟开放的前沿地带，具备与东盟国家陆海相邻的独特优势，正积极构建面向东盟的国际大通道，打造西南、中南地区开放发展新的战略支点，形成“一带一路”有机衔接的重要门户。习近平、李克强等党和国家领导人曾多次作出重要指示，肯定广西在中国—东盟合作中的重要地位，并明确要求广西积极参与中国—东盟自由贸易区（CAF-TA）建设、泛北部湾合作、GMS次区域合作，充分发挥中国—东盟自由贸易区前沿地带和“桥头堡”作用。2005年，时任自治区党委书记刘奇葆作出指示，“要加强对东盟的研究，找到合作的切入点，认真做好与东盟合作的战略规划，提出行动计划”。时任自治区党委副书记潘琦、时任自治区人民政府常务副主席李金早批示，批准广西大学联合广西国际博览事务局，整合全区高校和相关部门的研究力量，在原广西大学东南亚研究中心（1995年成立）的基础上，成立中国—东盟研究院，为正处级独立建制，以东盟经济问题为切入点，研究中国—东盟双边贸易以及CAFTA建设中的重大理论、政策及实践问题，并在此基础上辐射至中国—东盟关系研究。

2005年1月中国—东盟研究院成立时，下设中国—东盟经济研究所、中国—东盟法律研究所、中国—东盟民族文化研究所，主要研究方向涉及中国—东盟关系及东南亚国家的经济、法律、文化及民族等方面的问题。为适应中国—东盟关系的发展变化，2011—2013年中国—东盟研究院进一步细化研究领域，强化研究深度，调整运行架构，将机构设置增加、调整为10个国别研究机构（越南、缅甸、老挝、泰国、文莱、新加坡、马来西亚、印度尼西亚、菲律宾、柬埔寨10个国别研究所）和10个专业研究机构（中越经济研究院、广西大学21世纪海上丝绸之路研究中心、澜沧江—湄公河经济带研究中心、中国—东盟产业发展与生态环境研究中心、国际关系研究所、民族与文化研究所/骆越文化研究中心、法律研究所、中马产业园研究中心、中国—东盟战略研究所、中国—东盟财政金融政策研究中心），并启动建设中国—东盟研究国际在线研讨平台和中国—东盟全息数据研究与咨询中心，强化科研基础设施建设。

2013年6月1日，中共中央委员、广西壮族自治区党委书记、自治区人大常委会主任彭清华同志就中国—东盟重大课题研究和中国—东盟研究团队、研究机构的建设与发展作出重要指示："广西大学中国—东盟研究院，在高校里很有特色，有独特的地位。广西在中国—东盟关系里面，不管是一个桥头堡还是一个开放前沿，都有一个独特的区位优势，我们把广西大学中国—东盟研究院办好，加强科研团队建设，有利于更好地发挥广西在发展中国—东盟合作关系中的作用。中国—东盟研究团队多年来积累了一些研究成果，对我们今后更务实、有效地改进中国—东盟、广西—东盟的关系很重要，希望继续把它做好。"

近年来，中国—东盟研究院以"长江学者""八桂学者"为重点目标，以"特聘专家"等方式引进国内外高校及研究机构的科研骨干，跨学科交叉组建研究团队。经过长期建设发展，中国—东盟研究院已成为全国从事东盟领域研究人数最多的机构之一：现有优秀科研人员共121人，其中专职人员42人，校内兼职人员79人（科研管理与考核在研究院，教学在其他学院），教授（研究员）共有45人，专职人员中拥有国家"百千万"人才工程人选1人、国家级有突出贡献中青年专家1人、教育部"新世纪优秀人才"2人、"八桂学者"1人、广西新世纪"十百千"人才工程第二层次人选3人、享受政府特殊津贴专家2人、广西高校百名中青年学科带头人4人、广西高校优秀人才3人。校内兼职人员中，院士1人、长江学者2人、中国科学院百人计划人选1人、全国教学名师1人。校外兼职研究人员61人，国外合作研究人员9人。

目前，中国—东盟研究院作为"自治区人文社科重点研究基地"，牵头建设中国—东盟区域发展协同创新中心，实施"中国—东盟战略伙伴关系研究'部、省、校'协同创新工程"，争取"中国—东盟区域发展协同创新中心"进入国家级协同创新中心行列。在此基础上，中国—东盟研究院拟申报"教育部人文社会科学重点研究基地"，未来将为中国—东盟关系领域的全面研究提供更广阔的平台。

广西大学中国—东盟研究院立足地缘和区位优势，研究中国—东盟双边贸易以及 CAFTA 建设中的重大理论、政策及实践问题，在国内乃至东盟国家有重要影响。以广西大学中国—东盟研究院为主要建设载体的“中国—东盟经贸合作与发展”“211”重点建设学科群已经成为广西在该领域独占鳌头的强势学科，主要学科（专业）建设或研究方向已经达到国内领先水平。

1. 中国—东盟关系发展战略、合作机制与规则研究

以教育部重大攻关项目“推进一带一路海上丝绸之路建设研究”，国家社会科学基金项目“中国—东盟关系中政治与经济互动机制研究”、“《东盟宪章》、《东盟经济共同体蓝图》等文件生效后的中国—东盟合作关系研究”等国家级项目为研究平台，以中国—东盟自由贸易区发展进程为主线，涵盖中国—东盟合作及其影响因素（涉及地缘关系与政治、经济、民族文化、管理等方面）、CAFTA 推进策略、CAFTA 各成员国国别政策研究、中国—东盟关系发展趋势、南中国海问题等。该研究方向涉及政治学、经济学、法学、管理学、文学五大学科门类 11 个二级学科，突出学科交叉协同研究的组合优势，研究成果直接服务于中国—东盟关系发展战略的制定与实施。

2. 中国—东盟经贸合作与区域经济一体化研究

以教育部哲学社会科学研究重大课题攻关项目“中国—东盟区域经济一体化研究”、国家社会科学基金重点项目“中国—东盟旅游与贸易互动关系研究”、国家社会科学基金项目“中国—东盟自由贸易区成员国宏观经济政策协调理论研究”、“中国西南地区与东盟区域农业合作研究”等国家级项目为研究平台，主要研究中国—东盟经贸合作细分领域、合作策略、推动战略，研究中国—东盟区域经济一体化进程及其影响因素，研究解决中国—东盟区域经济一体化建设的理论关键问题以及理论和实践相结合的现实问题。该研究方向是广西大学东盟研究领域传统优势的再持续，涉及应用经济学、理论经济学、国际关系学等多个学科，突出多校联合和部校联合的创新协同优势，研究成果直接服务于中国—东盟自由贸易区的推进和深化、中国—东盟博览会、中国—东盟商务与投资峰会。

3. 中国—东盟产业合作、资源综合利用与生态保护研究

以国家社会科学基金重大项目“CAFTA 进程中我国周边省区产业政策

协调与区域分工研究”、国家自然科学基金项目“自由贸易与跨境通道对地缘经济区的重塑——基于C-P模型的实证研究”等国家级项目为研究平台，研究中国—东盟产业合作与协调的相关政策、产业分布与资源要素禀赋、产业成长与资源综合利用以及与之相关的环境生态等问题。本研究方向特色在于文、理、工、农多学科交叉，实现自然科学与社会科学的有机结合。本研究团队汇集了院士、长江学者、八桂学者等高端人才，横跨文科与理工科两大截然不同的领域，证明人文社会科学与理工农科相结合确实能够实现效益倍增，科研成果充分体现部、省（自治区）、校协同研究服务地方经济发展的协同创新优势。

广西大学中国—东盟研究院获得全国东盟研究领域第一个教育部哲学社会科学研究重大课题攻关项目和第一个国家社科基金重大项目，开创了广西人文社会科学研究的里程碑，成为中央有关部委、自治区党委、政府及其相关部门、地方各级党委、政府的重要智囊单位，研究成果或入选教育部社会科学委员会专家建议，中共中央对外联络部、教育部内参和成果摘报，或获得党中央、国务院和自治区主要领导批示，在学术界和社会上有较大的影响，研究成果居国内领先水平。

展望未来，中国—东盟研究院将本着跨学科、跨区域、跨国家的开放式研究平台建设思维，整合国内外该领域研究力量，创新科研团队形成机制，融合政治学、历史学、民族学等多个边缘学科，研究中国—东盟关系问题，并扩展到跨国界区域性国际经济合作理论与实践问题。“中国—东盟区域发展”作为应用经济学一级学科的新设二级创新学科，以博士点和硕士点建设为契机，以“中国—东盟关系与区域发展”作为研究对象，试图形成完整的中国—东盟关系研究多学科互动研究体系，使本研究团队的理论研究具有前沿性、基础性、支撑性。

《中国—东盟研究》征稿启事

一、来稿要求作者严格遵守学术规范，引用的文献、观点和主要事实必须注明来源。独著或第一作者原则上应该具有副高及以上职称或具有博士学位。来稿一般不超过15000字为宜。来稿一经录用，我们将视情给予稿酬。

二、为规范排版，请作者在投稿时一律以WORD格式，严格按照以下要求：

1. 论文要求有题名（中英文）、内容摘要（中英文、200字以内）、关键词（中英文、3—5个）、作者简介（中英文）。

2. 基金项目和作者简介按下列格式：

【基金项目】：项目名称（编号）。

【作者简介】：姓名、工作单位、职务、职称、所在城市、邮政编码和联系方式（电子信箱和手机号码）。

3. 文章一般有引言和正文部分，正文部分用一、（一）、1、（1）编号法。插图下方应注明图序和图名。表格应采用三线表，表格上方应注明表序和表名。正文为五号宋体，题目三号宋体加粗，一级标题四号宋体加粗，二级标题小四宋体加粗，行间距1.25倍行距，脚注小五号宋体。

4. 引文注释均采用页下注（脚注）形式列出，参考文献不再列出。一般应限于作者直接阅读过的、最主要的、发表在正式出版物上的文献，具体参见附件“《中国—东盟研究》引文注释规范”。

三、文责自负。本刊实行匿名评审制度，确保论文质量。在尊重原作的基础上，本刊将酌情对来稿进行修改，不同意者请在来稿中说明。如投稿二个月内未接到任何采用通知，作者可另行处理。切勿同时一稿多投。

四、为适应我国信息化建设，扩大本刊及作者知识信息交流渠道，本刊已被《中国学术期刊网络出版总库》及 CNKI 系列数据库收录，其作者文章著作权使用费与本刊稿酬一次性给付。免费提供作者文章引用统计分析资料。如作者不同意文章被收录，请在来稿时向本刊声明，本刊将做适当处理。

五、未尽事宜由《中国—东盟研究》编辑部负责解释。

投稿电子邮箱：zg-dmyj@ gxu. edu. cn

著作约定与声明

如无特别声明或另行约定，来稿一经刊用，即视为作者许可本刊使用该稿件的专有发表权、发行权、复制权、网络传播权等。凡在本刊发表的文章获奖或被其他报刊转载、摘登等，请及时通知本刊编辑部。本刊允许转载、摘登和翻译，但必须注明出处，否则视为侵权。

《中国—东盟研究》编辑部

2018 年 3 月

附：《中国—东盟研究》引文注释规范

1. 中文注释

对所引用的文献第一次进行注释时，必须将其作者姓名、文献名、出版社、出版时间、所属页码一并注出。具体格式举例如下：

（1）专著

王子昌：《东盟外交共同体：主体及表现》，时事出版社 2011 年版，第 109—110 页。

（2）译著

［美］汉斯·摩根索：《国家间的政治——为权力与和平而斗争》，杨岐鸣等译，商务印书馆 1993 年版，第 30—35 页。

（3）论文

徐步、杨帆：《中国—东盟关系：新的起航》，《国际问题研究》2016 年第 1 期，第 35—48 页。

2. 外文注释（以英文为例）

同中文注释的要求基本一致，只是论文名用引号，书名和杂志名用斜体。具体格式举例如下：

（1）专著

Robert O. Keohane and Joseph S. Nye, *Power and Interdependence: World Politics in Transition*, Boston: Little Brown Company, 1997, p. 33.

（2）论文

Amitav Acharya, "Ideas, identity and institution-building: from the 'ASEAN Way' to the 'Asia-Pacific way?'", *The Pacific Review*, Vol. 10, No. 3, 1997, pp. 319 – 346.

（3）文集中的论文

Steve Smith, "New Approaches to International Theory", in John Baylis and Steve Smith eds., *The Globalization of World Politics*, Oxford: Oxford University Press, 1998, pp. 169 – 170.

3. 互联网资料注释

互联网资料格式参照以上中英文注释的要求，同时需要注明详细的网址以及登录时间。

（1）中文资料

许宁宁：《中国与东盟走过了不平凡的 20 年》，新浪财经网，2011 年 7 月 28 日，http://finance.sina.com.cn/g/20110728/151310223248.shtml，登录时间：2015 年 9 月 6 日。

（2）英文资料

Richard Heydarian, "Japan Pivots South, with Eye on China", The Asia Times online, 26 January, 2013, http://www.atimes.com/atimes/Japan/OA26Dh01.html，登录时间：2015 年 12 月 22 日。